Also wenn ihr mich fragt, wird dieses Reiten völlig überbewertet. Ich bin ja bekanntlich Freizeitpferd, mit Betonung auf Freizeit. Ich bin also nicht fürs Schleppen zuständig, sondern im Idealfall für entspannte Stunden in der Futterkammer.

Er ist hier nur das Pferd und damit die Hauptperson. Und zum Glück kann er lästern, sonst gäbe es hier weniger zu lachen. Über die Ideen der sogenannten Besitzerin zum Beispiel, die so heißt, weil sie meistens auf ihm herumsitzt und sich einbildet, sie könnte reiten. Und nicht nur das. Eigentlich ist sie Pferde-Expertin und kennt sich in sämtlichen Bereichen der Pferdehaltung aus. Findet sie jedenfalls. Pfridolin ist hautnah dabei – leider, sagt er. Die wunderbare Frau Reitlehrerin, die jede noch so verfahrene Situation rettet, ist auf seiner Seite und plädiert für Back to Basics, was bei der sogenannten Besitzerin auf wenig Gegenliebe stößt.

Der Autor: Pfridolin Pferd ist ein begnadeter Autor, dessen Talent nur noch von seiner Bescheidenheit übertroffen wird. Ein freier und hungriger Geist, gefangen im Körper eines Pferdes. Wenn er nicht gerade auf der Flucht vor den Dressur-Ambitionen seiner Besitzerin ist, findet man ihn an der Heuraufe.

PFRIDOLIN PFERD

ICH BIN JA HIER NUR DAS PFERD

...UND MAN SAGT MIR NACH, ICH WÜRDE LÄSTERN

NEUE GESCHICHTEN VOM PFERD UND SEINER BESITZERIN

Bibliografische Information der Deutschen Nationalbibliothek: Die Deutsche Nationalbibliothek verzeichnet diese Publikation in der Deutschen Nationalbibliografie; detaillierte bibliografische Daten sind im Internet über http://dnb.dnb.de abrufbar.

Grafiken: Freepik

Verlag: BoD · Books on Demand GmbH, In de Tarpen 42, 22848 Norderstedt

Druck: Libri Plureos GmbH, Friedensallee 273, 22763 Hamburg

ISBN: 978-3- 7597-9459-8

Für die Ponies

BEI UNS GEHT'S ZU,
DAS GLAUBT IHR NICHT

Ich weiß gar nicht, ob wir uns schon kennen. Wenn ja, freu ich mich natürlich riesig, dass wir uns hier treffen. Wenn nicht, auch kein Problem. Dann freu ich mich genauso und erzähl eben kurz, worum es hier geht. Fangen wir doch einfach mit der Hauptperson an, mit mir nämlich. Mein Name ist Pferd. Pfridolin Pferd.

Von Beruf bin ich Freizeitpferd, mit Betonung auf Freizeit. Mit anderen Worten: Ich darf gar nicht arbeiten, so gern die Frau, meine sogenannte Besitzerin, das auch hätte. Deshalb reitet die nämlich dauernd auf mir herum. Wobei sie sich das mit dem Arbeiten mittlerweile abgeschminkt hat. Jetzt möchte sie nämlich Reitkunst treiben. Unsere Frau Reitlehrerin, die auf das spanische Mähnenwunder und mich aufpasst, ist ihr nämlich zu kritisch. Und die sogenannte Besitzerin hofft, dass ihr bei ihren reiterlichen Eskapaden niemand so genau auf die Finger guckt, weshalb immer was Neues, Ausgefallenes hermuss, womit sich im Idealfall niemand außer ihr auskennt.

Das spanische Mähnenwunder wohnt auch hier

bei uns. Eigentlich sollte es mit eingebauter Versammlung und mindestens Piaffe geliefert werden, aber geworden ist es dann der Lutschi, der süß gucken kann und seine Gehirnzellen eigentlich nur fürs Mähnenwachstum benötigt. Der Lutschi heißt eigentlich Lucero, aber weil er die orale Phase nie überwunden hat, hört er auch auf Lutschi.

Dann gibt es noch den Mann, der uns vor einiger Zeit zugelaufen und komischerweise immer noch da ist. Der lässt sich zwar auch von uns rumschleppen, bildet sich aber wenigstens nichts darauf ein. Die Frau meint ja immer, sie würde Wunders wie gut reiten und es wäre allein die Schuld vom Lutschi und von mir, wenn's dann doch ~~scheisse~~ nicht schön aussieht. Da kommt dann wieder Frau Reitlehrerin ins Spiel, die nicht nur alles weiß, sondern auch alles erklären kann.

Aber zwischendurch hat die sogenannte Besitzerin Wahnideen, wo noch nicht einmal Frau Reitlehrerin weiß, was das soll. Gut, ihr Piaffe-Fimmel ist zwar nervig, aber letztendlich harmlos, denn wir alle wissen, dass sie niemals in die Verlegenheit kommen wird, selbständig eine Piaffe zu zeigen. Geschweige denn, ein Pferd dazu zu bringen, mit ihr obendrauf zu piaffieren. Dann ist wieder eine Zeitlang Ruhe und dann will sie Gangpferde reiten. Wo der Lutschi und ich uns nur angucken und wundern, denn wenn wir den Vorwärtsgang einlegen, ist das ja viel zu schnell und gruselig und überhaupt. Jetzt also Gangpferde. Mit mehreren Vorwärtsgängen.

DIE FRAU WILL EINEN I-HI-HISLÄNDER

Die Frau will einen Isländer. Nein, keinen neuen Mann, sondern ein neues Pferd. Da ist der schon vorhandene Mann aber froh. Also, teilweise. Aber der Reihe nach.

Es fing damit an, dass neue Pferde zu uns auf den Hof gezogen sind. Die müssen natürlich sofort von der sogenannten Besitzerin begutachtet werden, weil sie ja die Einzige ist, die hier den Durchblick hat. „Guck mal, ein Haflinger", stellt sie fest und fragt: „Lahmt der?"

„Nein, der töltet. Weils ein Islandpferd ist", teilt Frau Reitlehrerin mit, deren geheime Superkraft es ist, überall dort aufzutauchen, wo es gerade spannend wird.

„Ach. Sieht aber aus wie ein Haflinger", findet die Frau.

„Lichtfuchs heißt das, die Farbe ist nicht für Haflinger reserviert", erklärt Frau Reitlehrerin.

„Ah." Die Frau nickt nachdenklich. „Und der da hinten – der dunkle?"

„Das ist Kautur", erklärt eine fremde Frau und

stellt sich gleichzeitig als Frau Kautur vor. „Aber geschrieben wird es Katur! Mir gehört auch Hüen."

„Ahhhhh", nickt die Frau verständnislos. „Kater. Und Hüja?"

„Nein, Hüen. Man schreibt es Huginn."

Als die Frau immer noch Fragezeichen auf der Stirn hat, erbarmt sich Frau Katur: „Das ist der Lichtfuchs."

„Ah, der andere Isi. Natürlich." Die Frau tut so, als hätte sie das von Anfang an gewusst.

„Ahhhh, der eine Rabe von Odin", erkennt allerdings der Mann, der in manchen Dingen sehr bewandert ist.

„Genau", freut sich Frau Katur-und-Huginn, die ich im Folgenden nur noch Frau Isi nennen werde, weil dieses Tippen sehr anstrengend ist, vor allem, wenn man Hufe hat.

„Ist Katur auch ein Rabe?", fragt die Frau, die mal wieder von nichts eine Ahnung hat.

„Nein, Katur heißt *der Muntere* oder *der Fröhliche*. Weil er ein richtiger Sonnenschein ist und immer gute Laune hat", erklärt Frau Isi.

„Das ist aber auch kompliziert mit diesen Islandponys", beschwert sich die Frau, die lerntechnisch an ihre Grenzen kommt. Was im Übrigen sehr schnell geschieht.

„Pferde. Man nennt sie Islandpferde."

„Aber die sehen doch wie Ponys aus?"

„Isländer sind Pferde in Ponygröße – auf Island gibt es nur diese eine Pferderasse. Das isländische Wort dafür ist hestur gleich Pferd."

„Und die können alle dieses Tölt, ja?", erkundigt sich die Frau zutraulich, die sich daran erinnert, dass diese Gangart sagenhaft bequem sein soll. Weil sie ja nur fünf Dinge gleichzeitig im Kopf behalten kann, hat sie wahrscheinlich in derselben Sekunde ihren Namen vergessen.

„Meine beiden sind Naturtölter. Es gibt auch Isis, die das nicht so anbieten und die Gangart erst lernen müssen."

Das verdrängt die Frau. Lernen – igitt! Und fragt gleich weiter: „Und dann gibt's noch dieses Pass, gell."

„Ja, Rennpass. Das ist krass schnell. Da werden die Pferde aus dem Galopp in den Pass gelegt, so nennt man das in der Isi-Fachsprache. Also erst Galopp und daraus entwickelt man den Rennpass. Katur ist ein Viergänger, also Schritt, Trab, Galopp und Tölt. Und Huginn ist ein Fünfgänger, da kommt noch der Pass dazu. "

„Rennpass. Soso." Das hört sich schnell an, ist somit unheimlich und wird direkt von der Festplatte der Frau gelöscht.

Was jetzt kommt, ist ganz großes Kino. Die Frau deutet mit ausladender Geste auf den Lutschi und mich. „Das sind meine beiden. Ein Pe-Err-Eh und ein Pfridolin, hihi."

„Ah, ein PRE", reagiert Frau Isi mit höflicher Zurückhaltung. „Dieser Pfridolin sieht aber sehr klug aus."

„Ja leider", stöhnt die Frau. „Aber der Lucero, mein Spanier, ist auch total sitzbequem und brav. Wenn du möchtest, kannst du ihn gerne mal reiten!"

Frau Isi weiß nicht recht, wie sie mit der Situation umgehen soll, aber die Frau ist penetrant. Sie setzt ihren schönsten Bettelblick auf und schafft es tatsächlich, dass sie sich *ganz ausnahmsweise!!!* auf einen von den Isis setzen darf, weil sie doch so so soooo gern mal dieses Tölten ausprobieren will.

„Keine Angst, sie ist nicht gefährlich", ruft Frau Reitlehrerin. „Nur aufdringlich."

„Aufgeschlossen heißt das", meckert die Frau.

Frau Isi hat jetzt schon einen guten Eindruck davon bekommen, wie es bei uns im Stall zugeht und bezweifelt möglicherweise die Weisheit ihres Entschlusses, ausgerechnet zu uns zu ziehen. Einzig Frau Reitlehrerin und der Mann wirken beruhigend und sympathisch. Dennoch ergreift sie nicht sofort die Flucht, sondern lässt die Irre tatsächlich mal auf Katur reiten. „Den reiten die Kinder von meiner Nachbarin, weil er so brav und zuverlässig ist", vertraut sie Frau Reitlehrerin an. „Sie macht ihn doch nicht kaputt?"

„Dann ist das genau das richtige Pferd für unsere Reitkünstlerin", nickt Frau Reitlehrerin. „Keine Sorge, ich passe auf."

Die Frau wird instruiert und dringt dank Katurs ausgeprägter Hilfsbereitschaft und Rittigkeit tatsächlich bis zum Tölt vor. Und danach muss man sie schreiend und weinend von ihm runterzerren, weil sie so tragisch herzzerreißend in Love ist. Mit dem Tölt und den I-hi-hisländern.

Und seitdem will sie einen.

„Einen was?", fragt der Mann, der das Drama nur am Rand mitbekommen hat.

„Einen I-hi-hisländer", schnieft die sogenannte Besitzerin mit der Leidenschaft eines verliebten Teenies.

Wobei der Katur lustige Ideen hat, der Name passt wirklich prima. Ich kann ihn schon gut leiden. Gerade eben hat er die Jacke der Frau entdeckt, die die in ihrem Wahnsinn auf dem Paddock vergessen hat, und hebt sie auf. Wie sich herausstellt, hat er Sinn für Humor und tunkt sie in den Wasserbottich. Ich könnte mir vorstellen, dass das ihre romantischen Gefühle schnell abkühlt.

Wenn man selbst nicht reiten kann, gibt es doch nichts Schöneres, als ganz wichtig mitten auf dem Reitplatz zu stehen und andere anzubrüllen. Die Frau nennt es *Reitunterricht geben* und *dem Mann die Grundlagen vermitteln*. Ob der nun will oder nicht. Bei der Gelegenheit lernt sie durch Zufall die Begriffe Losgelassenheit und Zwanglosigkeit kennen, die sie ganz bestimmt schon mal gehört, aber sofort wieder vergessen hat. Aber wozu haben wir denn unsere one and only Frau Reitlehrerin. Ja genau, die mit den Nerven wie Stahlseilen und dem unerschütterlichen Lächeln.

1 PFERD FÜR 2 PERSONEN – BEREITER ODER REITBETEILIGUNG, DAS IST HIER DIE FRAGE

„Nun lass ihn doch nicht immer so daherlatschen, so wird das nie was mit der Piaffe", zürnt die sogenannte Besitzerin.

„Ich will ja auch gar keine Piaffe reiten", verteidigt sich der Angesprochene. Es ist der Mann, der auf mir rumsitzt und eigentlich nur eine entspannte kleine Runde im Gelände drehen wollte. Bis die Frau ihn und mich beim Rumgammeln erwischt hat, wie sie es nennt, und zum Ausgleich hartes Dressurtraining unter ihrer Aufsicht angeordnet hat.

„Nimm erstmal die Zügel kürzer, mit den Fahrleinen kannst du ja nicht reiten", kommandiert sie. Herrlich, wenn man so in der Mitte stehen und rumbrüllen kann. „Und jetzt einatmen, aufrichten und antraben, aber zackig."

„Bei Frau Reitlehrerin ist es aber chilliger", beschwert sich der Mann. „Die lässt mich erstmal am langen Zügel reiten und später soll ich die Zügel ganz allmählich nachfassen."

„Ja, weil du so ehrgeizlos bist. Ich hätte gern sportlicheres Reiten und als Ziel Versammlung und

Piaffe", verkündet die Frau.

„Aber dafür sitzt der Mann wesentlich lockerer und hat ein schönes langes Bein," lächelt Frau Reitlehrerin, die – woher auch immer – plötzlich auf dem Reitplatz auftaucht.

„Aber dafür reitet er immer so luschi-wuschi und vorwärts-abwärts und ins Gelände und ich komme mit der Piaffe nicht weiter", beschwert sich die sogenannte Besitzerin. „Wesentlich lockerer als WER? Frechheit."

~~Denk mal nach, vielleicht kommst du noch drauf. Und apropos Piaffe: Ist mir noch nicht aufgefallen, dass wir damit jemals angefangen hätten, aber ich bin ja hier nur das Pferd und man sagt mir nach, ich würde lästern. Und mal ganz ehrlich: lieber schleppe ich den Mann entspannt und physiologisch durch die Gegend als dich ehrgeizzerfressenen Zwergdrachen mit den Eisenfäusten.~~

Frau Reitlehrerin ist eine große Diplomatin und erklärt ihr: „Wenn der Mann den Pfridolin reitet, ist das für den Pfridolin der Ausgleich zum Dressurunterricht, den wir beide machen. Für ein Pferd ist es ja eine schwierige Aufgabe, sich auf zwei oder mehr unterschiedliche Reiter einzustellen. Denk nur mal an die Schulpferde. Diese Leistung wird oft gar nicht gewürdigt, aber tatsächlich sind es ja keine Fahrräder, sondern denkende, fühlende Wesen, die sich auf ganz unterschiedliche Reiter und ihre unterschiedlichen Sitzfehler und Hilfengebung einlassen und jedes Mal herausfinden müssen, was eine beabsichtigte Einwirkung war und was ungewollt passiert ist und somit ignoriert werden kann. Wenn du sehr ehrgeizig und mit einer gewissen Spannung reitest, ist es für den Pfridolin sehr angenehm, wenn er am nächsten Tag entspannt mit dem Mann im Gelände bummeln gehen kann."

Ehrgeizig ist bestimmt ein anderes Wort für talentiert, überlegt die Frau und fragt: „Aber dauert dann die versammelnde Arbeit nicht länger, wenn der Pfridolin zwischendurch so lang und auseinandergefallen rumläuft?"

„Losgelassenheit und Zwanglosigkeit sind die Basis für alles andere, diese beiden Bausteine dürfen nie verloren gehen. Und wenn der Mann dir dabei hilft, ist das die perfekte Ergänzung", lächelt Frau Reitlehrerin.

Manchmal drückt sich Frau Reitlehrerin so diplomatisch aus, dass selbst ich beeindruckt bin. Übersetzt heißt das nämlich: „Sei froh, dass der Pfridolin wenigstens unter dem Mann mal losgelassen ist, darauf kann man nämlich aufbauen."

„Was ist eigentlich dieses Zwanglose?", erkundigt sich die sogenannte Besitzerin, die bekanntlich statt eines Gehirns bunte Knete im Kopf hat.

„Zwanglosigkeit ist die Bereitschaft, sich loszulassen und entspannt das Reitergewicht zu tragen", erklärt Frau Reitlehrerin. „Und Losgelassenheit ist Zwanglosigkeit plus ein sich an die Hand herandehnendes Pferd, ein pendelnder, lockerer Schweif, rhythmisches An- und Entspannen der Muskulatur und ein zufriedener Gesichtsausdruck. Die Ausbildungsskala kennst du?" Zur Sicherheit beantwortet Frau Reitlehrerin die Frage selbst: „Takt, Losgelassenheit, und danach Anlehnung, Schwung, Geraderichtung und Versammlung."

„Soooooo spät kommt die Versammlung erst? Dann kann das ja noch dauern mit der Piaffe", antwortet die Frau überrascht.

„Hat keiner gesagt, dass Reiten einfach ist," lächelt Frau Reitlehrerin. „Besser man reitet die Basics korrekt als dass man höhere Lektionen schlecht und falsch reitet, das sieht erstens grausam aus und ist zweitens auch nicht gut für die Pferde."

Nachdenklich zieht die Frau von dannen, wo sie nach wenigen Metern eine Eingebung hat, die sie uns sofort mitteilen muss. Haben denn nicht auch, so ihr Gedanke, die berühmten Dressur-Queens aus dem großen Sport Bereiter? Genau wie bei ihr und dem Mann. Da ist es wohl ganz ok, wenn ihr der Mann ein bisschen zuarbeitet.

Mit diesem schönen Beispiel für kompletten Realitätsverlust verabschiede ich mich für heute. Der Mann und ich müssen dringend ins Gelände, bevor der noch hier am Stall vor Lachen runterfällt. Dann doch lieber draußen, mit Gras und so.

Sie hat sich dann aber wieder beruhigt. Ich glaube, sie war an den Beruhigungskräutern in der Futterkammer, die wirken Wunder. Pünktlich zur nächsten Reitstunde ist sie flauschig und geradezu handzahm. Wobei sie ja nach wie vor Last mit den inneren Bildern hat, auf die Frau Reitlehrerin schwört. Weil da nämlich vermehrt die rechte Gehirnhälfte angesprochen wird, die fürs Bewegungslernen zuständig ist. Was allerdings voraussetzt, dass die sogenannte Besitzerin ein Gehirn hat, und da bin ich mir manchmal nicht so sicher. Aber sie ist großzügig mit den Leckerli, das entschädigt für vieles.

WO IST NOCHMAL DER KNOPF FÜR DIE RECHTE SCHULTER?

„Und jetzt dreh dich in die Wendung", fordert Frau Reitlehrerin. Wir sind im Reitunterricht, auf einem unserer legendären eckigen Zirkel. Wo man nach außen eiert, feststellt, dass man den Zirkelpunkt nicht trifft, nach innen taumelt, feststellt, dass man auch den nächsten Zirkelpunkt verfehlt undsoweiter. Ich glaube, ihr wisst, was ich meine.

Die Frau verdreht den Kopf wie eine Eule in Richtung Zirkelmitte, wo Frau Reitlehrerin steht.

„Deine Drehung geht von unten aus, von der Hüfte", erklärt Frau Reitlehrerin.

„Tut sie doch", behauptet die sogenannte Besitzerin. Aber Frau Reitlehrerin ist nicht beeindruckt. „Stell dir vor, auf deinen Hüftknochen sind Strahler. Beide Strahler müssen sich Richtung Zirkelmitte drehen."

Jetzt geht das schon wieder los mit den bescheuerten inneren Bildern, denkt die Frau und dreht sich minimal.

„Der äußere Hüftknochen muss auch mit in die Wendung", lächelt Frau Reitlehrerin und ergänzt:

„Ein Zirkel ist ja nichts anderes als eine permanente Wendung."

Leise fluchend justiert die Frau ihren Sitz nach.

„Schon besser", findet Frau Reitlehrerin. „Jetzt nimm auch deine Schultern mit in die Wendung. Die innere Schulter geht leicht zurück, die äußere leicht vor. Das nennt sich Drehsitz."

„Wie jetzt?", erkundigt sich die sogenannte Besitzerin, die neben ihren zahlreichen anderen Defiziten auch eine Rechts-Links-Schwäche und ganz offensichtlich Innen–Außen-Aussetzer hat.

Frau Reitlehrerin lässt uns durchparieren und erklärt. Das muss zwingend erfolgen, während ich rumstehe, weil die Frau nicht gleichzeitig reiten und zuhören kann. Rummeckern kann sie dagegen in allen Lebenslagen – finde den Fehler.

„Wir sind auf der rechten Hand, du nimmst also die rechte Schulter leicht zurück -so-, und die linke Schulter leicht vor. So." Sie demonstriert die Körperdrehung. „Wie im Büro auf deinem Drehstuhl."

Ach soooo. Das hätte sie ja gleich so erklären können, findet die Frau. Mit ihrem Büro-Drehstuhl kennt sie sich aus. „Das mach ich doch schon die ganze Zeit so", lügt sie.

„Die rechte Schulter zurück", verlangt Frau Reitlehrerin.

Die Frau verändert ihre Körperhaltung keinen Millimeter.

„Nimm mal die linke Schulter vor. So. Weil die Körperteile ja aneinander befestigt sind, geht jetzt die rechte Schulter zurück. Und jetzt im Schritt anreiten – und wie durch Zauberei haben wir einen runden Zirkel", jubelt Frau Reitlehrerin.

„Krass", staunt die Frau und Frau Reitlehrerin erklärt: „Wenn du den Knopf für die eine Schulter nicht findest, kannst du dir über die Bewegung der anderen Schulter helfen. Bei den Hüften ist es genau dasselbe."

Die Kontrolle auf der linken Hand ergibt, dass die Frau ihre linke Schulter hervorragend ansteuern kann. Verglichen mit rechts ist es der nackte Wahnsinn. Die rechte Schulter ist halt irgendwie am Körper befestigt und macht jeweils das Gegenteil von dem, was die linke Schulter vorgibt.

„Krass", wiederholt die Frau. Sie ist halt ein Körperklaus, aber einseitig. „Vielleicht machen wir doch bei den Paralympics mit", überlegt sie laut. Hallo?! Ich bin Freizeitpferd, ich DARF mich gar nicht anstrengen!

Auch wenn ich es zufällig wollen würde, was glücklicherweise nicht der Fall ist. Freizeitpferd und so, das ziehen wir voll durch, der Lutschi und ich. Und da haben wir unterschiedliche Kernkompetenzen. Weil ich halt klug bin und der Lutschi nicht so sehr.

Was er aber total gut kann: Überall das Fressbare entdecken. Oder zumindest den festen Glauben haben, dass es gleich ganz bestimmt was zu Essen gibt. Man nennt das haltlosen Optimismus, glaube ich. Die Kunst, überall was Positives zu sehen. Das ist eigentlich auch gar nicht so schwer, wenn es sogar der Lutschi kann. Ich zum Beispiel freue mich auf Reitunterricht und Kringel reiten, weil das nicht so lang dauert wie Ausreiten. Beim Ausreiten dagegen freue ich mich auf kleine Snacks am Wegesrand, man ist ja schließlich flexibel. Auch der Mann ist so ein Sonnenschein. Nur die sogenannte Besitzerin fällt da leicht aus dem Rahmen.

DAS IST FALSCH, BLÖD, SCHLECHT UND ÜBERHAUPT

„Film das bloß nicht, das ist furchtbar", blökt die sogenannte Besitzerin den Mann an, der den Auftrag hat, ihre reiterlichen Glanzleistungen auf dem Handy festzuhalten. Weil sie mir gerade nicht im Maul hängt, sondern herauszufinden versucht, ob sie auf dem richtigen Fuß leichttrabt und ich dabei die Nase dezent vor der Senkrechten habe.

„Der Sattel sieht aber echt schäbig aus", meint sie, als eine Miteinstallerin das gebraucht gekaufte Schätzchen, das aber zur Abwechslung endlich mal passt, auf ihrem großen Fuchs platziert.

„Ekelhaft ist das hier, so viele Fliegen" ist ihr Kommentar, als wir bei einem Ausritt gesittet durch den Wald galoppieren. Bei sowas ist sie früher tausend Tode gestorben. Wegen Galopp und in der Wildnis und huiuiui. Dann hat sie die Beruhigungskräuter in der Sattelkammer entdeckt und anscheinend eine Überdosis erwischt.

„Grau-en-haft, da kann man gar nicht hingucken", erklärt sie, als eine Reiterin, deren Namen sie nicht kennt – ist aber auch egal, die geht eh bald wieder, weil die doof ist – Sitzübungen an der Longe macht.

„Das ist jetzt aber mal echt kacke", ist ihre Aussage in der nächsten Reitstunde.

Frau Reitlehrerin zieht fragend die Augenbrauen hoch.

„Na der Pfridolin", ist die Antwort.

„Ja?", fragt Frau Reitlehrerin.

„Wie der läuft. Grauslich."

„Was meinst du genau?"

„Der ist wieder so unbequem, das macht der extra, ich schwöre." Sie verdreht die Augen und zuppelt heimlich am Zügel, damit es wieder bequemer wird. Außerdem sind Zügel ganz praktisch, da kann man sich gut dran festhalten.

Frau Reitlehrerin sieht das gar nicht gern, weil die ja so furchtbar old school ist. Sie hätte gern, dass das Pferd – also ich – von hinten nach vorn geritten wird. Mit anderen Worten: die Hand bietet eine Anlehnung an und ich trete vertrauensvoll ans Gebiss heran. So der Plan. Aber erst muss das nörgelige Etwas auf meinem Rücken auf Kurs gebracht werden. Frau Reitlehrerin weiß auch schon, wie. „Nimm mal die Zügel in die linke Hand", ordnet sie an. Wir sind nämlich grad auf der rechten Hand, und wo die sogenannte Besitzerin ja immer Maleste mit der Rechtsdrehung hat, bietet sich das an.

„Beide?", fragt die Frau verschreckt.

„Beide."

Und zack, richtig schlechte Laune. Frau

Reitlehrerin lächelt einen Hauch pädagogischer und die Frau tut, wie befohlen.

„Als erstes stellen wir die Losgelassenheit bei euch beiden her", erklärt Frau Reitlehrerin. „Der Pfridolin geht gar nicht schlecht, nämlich schön vorwärts, dir kommt das aber im Moment unbequem vor, weil du auch noch nicht so richtig locker bist." Wann ist sie das jemals, denke ich, aber ich bin ja hier nur das Pferd und man sagt mir nach, ich würde lästern.

Die Frau holt tief Luft, um zu widersprechen.

„Denn wenn du locker und schmiegsam sitzen würdest, würde dich das ja nicht stören", lächelt Frau Reitlehrerin beruhigend. „Jetzt erstmal tief ausatmen, so. Und dann kreist du mit deinen Schultern."

„Beim Leichttraben?"

„Beim Leichttraben. Kleine runde Bewegungen, erst vorwärts und dann rückwärts. Und als Challenge kannst du versuchen, eine Schulter vorwärts und die andere rückwärts kreisen zu lassen." Die Frau kreist und versucht, ihre Schultern zu sortieren. Dabei ist ihr Gehirn so beschäftigt, dass sie ganz aus Versehen locker wird und sich ihre Bewegungen besser koordinieren.

Frau Reitlehrerin erwähnt das und lobt sie sehr. Die sogenannte Besitzerin ist selbst ganz überrascht, wie sich ihr Körpergefühl verbessert hat. Aber trotzdem sieht das kacke aus, findet sie. Schließlich will sie ja Dressur-Queen sein und stocksteif auf mir thronen. Aber Frau Reitlehrerin lächelt nur und lässt uns auf den Zirkel abwenden.

„Mit einer Hand? Mimimi. Das klappt doch nie."

„Doch, das schafft ihr", lächelt Frau Reitlehrerin beruhigend. „Dadurch, dass du die Zügel in der linken Hand hast, kannst du dich jetzt viel besser nach rechts drehen."

Und weniger am Zügel zuppeln, fällt der Frau auf. Mist, da muss sie tatsächlich mehr aus dem Sitz heraus reiten. Und siehe da, der Drehsitz klappt und der Zirkel auch. Und bevor sie sich wieder darüber beschweren kann, dass irgendwas uncool oder blöd ist, zählt Frau Reitlehrerin auf, was alles klappt beziehungsweise besser geworden ist. „Der Pfridolin bewegt sich insgesamt viel schwungvoller, tritt viel besser unter und hat die Nase immer häufiger vor der Senkrechten", beginnt sie.

„Aber es ist so unbequem", klagt die Frau.

„Du bist schon viel lockerer und beweglicher geworden", beschwichtigt Frau Reitlehrerin. „So wie jetzt wäre der Pfridolin früher nicht getrabt, als du noch in deinen alten Bewegungsmustern warst. Außerdem hast du deinen Blick geschult und kannst erkennen, wann ein Sattel zwar schön ist, aber nicht passt."

„Und umgekehrt", kräht die Frau, die langsam wieder Oberwasser bekommt.

Frau Reitlehrerin spricht weiter: „Ihr könnt jetzt wunderbar beim Ausreiten galoppieren, was früher nicht so gut ging." Weil die sogenannte Besitzerin da nämlich fast vor Angst gestorben wäre.

„Stimmt", sagt die Frau nachdenklich. „Und das trotz der ganzen Fliegen, die im Moment unterwegs sind."

„Und du bist insgesamt lockerer geworden – nicht mehr Piaffe um jeden Preis, sondern locker-flockig reiten."

Hmmm, macht die Frau, denn der Traum von der Piaffe ist nach wie vor da. Aber sie muss Frau Reitlehrerin rechtgeben. Da sind doch verschiedene positive Dinge passiert, die sie komplett verdrängt hat.

„Und wenn du möchtest, kannst du in der nächsten Unterrichtsstunde meinen Dieter reiten, dann kannst du herausfinden, wie das Sitzgefühl auf einem weit ausgebildeten Pferd ist."

Oh, ah. Große Ehre. Die Frau ist hin und hergerissen. Weiß man denn, wie sie sitztechnisch auf dem Dieter klarkommt? Ein fremdes Pferd ist ja irgendwie ein wildes Tier. „Vielleicht können wir dann erstmal Sitzübungen an der Longe machen", schlägt sie zaghaft vor.

„Gute Idee!" Frau Reitlehrerin ist ehrlich begeistert. „Da musst du nur fühlen, den Rest mache ich."

Ist vielleicht auch ganz schön, denkt sich die Frau. Und zur Not kann ich mich am Sattel festhalten.

„Ganz wichtig: Konzentriere dich immer aufs Positive, das bringt dich auch beim Reiten weiter", schärft ihr Frau Reitlehrerin zum Abschied noch ein. „Pferde mögen Menschen, die gut gelaunt sind. Und es macht auch einfach mehr Spaß, gute Laune zu haben als ständig zu meckern."

„Meckern? Iiiiiiiich?" Aber versuchen kann sie es ja mal. Vor allem, wenn man dadurch besser reitet. Und vielleicht klappts dann auch mit der Piaffe.

Aber bis es so weit ist, kann man sich in anderen Lebensbereichen herumtreiben, vorzugsweise denen von anderen Leuten. Aber am liebsten von Leuten, die auch Pferde haben, und da herrscht an einem Reitstall glücklicherweise kein Mangel. Manchmal bekommt man da aber Dinge mit, die man eigentlich gar nicht so genau wissen will.

ABER XYZ HAT GESAGT ....

Benny hat frei. Schön für ihn. Benny ist ein deutsches Reitpony und lahmt. Weshalb der Tierarzt Boxenruhe und Schmerzmittel verordnet hat. Ist aber egal, weil ihm seine Besitzerin erst Schmerzmittel gibt, und zwar volle Dröhnung, und ihn dann zu seinen Kumpels auf die Weide stellt. Mit der Begründung: „Die Lisa hat gesagt, das ist gut für ihn."

Die Frau, meine sogenannte Besitzerin, guckt komisch. Ich glaube, sie kann nicht anders. „Der Tierarzt heißt aber doch nicht Lisa, oder?" Süß, wie ahnungslos sie ist.

Bennys Besitzerin guckt zurück und erklärt: „Die Lisa hat gesagt, das muss so. Und die hat viel mehr Ahnung als so'n oller Tierarzt. Der muss das ja auch so sagen, um sich abzusichern. Beziehungsweise weil man das früher so gemacht hat, sagt die Lisa. Also geht der Benny raus." Wir sehen ihn im Hintergrund über die Weide galoppieren. „Schön, nicht?", freut sich Frau Benny.

„Und wenn sich sein Zustand verschlechtert?", fragt die Frau interessiert. „Dann frag ich die Lisa", ist die Antwort.

Drei Boxen weiter wohnt Esmeralda. Die wäre eigentlich jetzt fällig für den Schmied, die sechs Wochen sind um. „Ach, das hat noch Zeit", lächelt Esmeraldas Besitzerin entspannt. „Die Lea meint auch, das kann man noch ziehen. So ein Beschlag kostet ja doch immer viel Geld, und das brauch ich im Moment für mich."

„Wenn die Hufe zu lang werden, ist das aber auch nicht gut", gibt die Frau zu bedenken. Ach guck, wenn die nicht an die Beruhigungskräuter in der Futterkammer geht, ist sie der reinste Vernunftschlumpf, denke ich mir.

„Die Lea sagt, das geht. Bei ihr kommt der Schmied alle zehn Wochen, manchmal noch später, und bei der klappt das auch." Wenn die Lea das auch so macht, macht das die Sache nicht unbedingt besser, denke ich mir, aber ich bin ja hier nur das Pferd und man sagt mir nach, ich würde lästern.

Wenig später, an Günthers Box: „Guck mal, der guckt doch komisch." Günthers Besitzerin mustert ihn kopfschüttelnd und beschließt dann: „Ich lass ihn direkt mal auf die Weide, da kann er sich seine Heilkräuter selbst suchen."

Die sogenannte Besitzerin sieht sich zweifelnd um. Jakobskreuzkraut und Sauerampfer, soweit das Auge reicht. „Meinst du?"

„Klar, das hat die Insa so gesagt. Die hat auch so Vorahnungen. Wie eine richtige Hexe. Letztens hat der Günni eine Kolik gehabt und die Insa hat gesagt, das hätte sie morgens schon gespürt."

„Warum hat sie dann nicht morgens schon was dagegen unternommen?"

„Da war es ja noch nicht so schlimm."

Ja nee, is klar. Da kann sich der Tierarzt auf den Kopf stellen. Und der Hufschmied auch und alle, die ihren Beruf gelernt haben. Natürlich können sich auch diese Leute irren, aber dann holt man sich doch eine zweite Meinung von einem Experten ein und fragt nicht das spanische Mähnenwunder oder den sympathischen Obstverkäufer und glaubt denen mehr als den Fachleuten.

Wenn aber der Obstverkäufer oder Lisa, Lea oder Insa aka die freundliche Hexe von nebenan sagen: „Diesen Leuten glauben wir nicht, wir machen das so, wie ich das will und scheiss auf die Fakten", dann isses doch komisch, oder.

Zum Glück haben wir unsere Frau Reitlehrerin, die die sogenannte Besitzerin immer noch einfangen kann, wenn die auf ganz wirre Ideen kommt. Und im Notfall melde ich mich bei euch, damit ihr mich rettet. Ich bekomme übrigens jeden Tag zwanzig Kilo Hafer und fünfzehn Kilo Möhren, hat die Insa gesagt.

Na ja, einen Versuch war's wert. Es hätte ja auch klappen können. Aber Weide als Alternative zu zwanzig Kilo Hafer ist auch ganz schön. Da ist man nie allein, da ist immer was los. Wetten?

DERTUTNIX UND
DERWILLNURSPIELEN UND DIE
PFERDEWEIDE

„Dertutnix! Derwillnurspielen!", ruft die fremde Frau, die bei uns am Weidezaun steht. Dertutnix und Derwillnurspielen tummeln sich derweil bei uns auf der Weide, schnuppern hier, gucken da und steuern schließlich auf uns Pferde zu. Dertutnix ist gelb und flauschig, Derwillnurspielen schwarz und schnell. Gerade umkreist er den Lutschi, was unser spanisches Mähnenwunder ist und für gewöhnlich tiefenentspannt. Ganz anders als die sogenannte Besitzerin, die in diesem Moment wie ein Pilz aus dem Boden wächst und sich nicht entscheiden kann, wen sie als erstes auffrisst: Die Hunde oder die fremde Frau. Ihre Wahl fällt auf die fremde Frau.

Was möglicherweise ein Fehler ist, denn im Gespräch stellt sich schnell heraus, dass die Dame null Einfluss auf ihre Wauzis hat. „Wir sind spazieren gegangen und dann war da diese schöne Wiese, da sind sie einfach hingelaufen. Die tun aber nix. Beide."

„Das ist keine Wiese, sondern eine Pferdeweide", schnauft die Frau.

„Ach, jetzt sehe ich es auch", freut sich die

Hundebesitzerin.

„Und es wäre SEHR SCHÖN, wenn sie jetzt endlich ihre Hunde da wegholen würden!"

„Sie, das ist hier freie Natur, da können meine Hunde auch drin rumlaufen", entrüstet sich die Hundebesitzerin.

Und zack, Blutdruck. „Von wegen freie Natur. Das ist Privatbesitz und eingezäunt, und da haben ihre Fiffis aber mal gar nichts zu suchen!"

Während des mittlerweile etwas lauteren Gesprächs flitzt Dertutnix über die Weide und macht einen Haufen. „Den machen Sie aber weg!", donnert die Frau. „Das Gras ist Futter für meine Pferde und kein Hundeklo!"

„Das kleine Häufchen! Auf der Straße liegen Pferdeäpfel, die sind viel größer. Die macht auch keiner weg", erwidert die Hundebesitzerin. Der Punkt geht an sie. Die sogenannte Besitzerin behauptet zwar immer, sie würde die Hinterlassenschaften vom Lutschi und von mir mit dem Schuh an den Straßenrand schieben, aber man kann ja nicht an alles denken. Vor allem, wenn man ein sehr kleines Gehirn hat. Wobei das von der Hundebesitzerin auch nicht wirklich funktionsfähig zu sein scheint.

Getreu dem Motto *Angriff ist die beste Verteidigung* schnauzt die Frau die Hundebesitzerin an: „Da müssen sie wohl besser auf ihn aufpassen. Momentan ist Brut- und Setzzeit, da müssen Hunde ohnehin an der Leine bleiben. Und wenn sie Nummer Zwei nicht bald zu sich rufen, kriegt der von dem Pferd da drüben einen Tritt, den er vielleicht nicht überleben wird." Sie deutet auf Derwillnurspielen, der mir um die Hinterbeine schleicht. Ich nehme insgeheim schon Maß.

„Das ist ja lebensgefährlich! Und das sagen sie mir erst jetzt?!"

„Ich habe sie nicht gebeten, unsere Weide zu betreten."

Derwillnurspielen wechselt sein Betätigungsfeld und erschreckt jetzt den Lutschi. Der ist nicht ganz so weltoffen wie ich und sucht sein Heil in der Flucht. Bevor es zu weiteren Tätlichkeiten kommt, beschließt Dertutnix, der anscheinend einen regen Stoffwechsel hat, sein neues Revier zu markieren und pinkelt gegen den Stromzaun. Es kommt, was kommen muss: Waldi kriegt amtlich einen gewischt und rennt jammernd zum Frauchen, dicht gefolgt von Derwillnurspielen. Frauchen ist entsetzt: „Waaaaas, da ist Strom drauf? Mein armer Waldi. Das dürfen sie doch gar nicht. Der hat sich jetzt weh getan und das ist allein ihre Schuld!"

Die Frau erreicht allmählich den Siedepunkt: „Gucken Sie mal, da steht ein Schild: Vorsicht Powerzaun."

„Aber der Waldi kann doch gar nicht lesen!"

„Aber vielleicht lernen Sie es noch", kontert die Frau, die insgeheim darüber nachdenkt, wo sie auf die Schnelle drei Leichen entsorgen könnte. Aber irgendwas verrät ihre düsteren Pläne, und Hunde samt Besitzerin ergreifen die Flucht. Und wenn wir Glück haben, kommen sie auch nicht so schnell wieder.

Manchmal ist die sogenannte Besitzerin gar nicht so verkehrt. Und wenn ihr dann noch Leckerlis aus der Hosentasche rieseln, kriege ich richtig romantische Gefühle. Wie eine Löwin kämpft sie für den Lutschi und mich, da wird es einem doch ganz warm ums Herz. Nach der Aktion auf der Weide folgt nun das Projekt Schöner Wohnen.

EIGENTLICH DOCH GANZ SCHÖN HIER

„Guck mal, wie usselig es hier aussieht." Die sogenannte Besitzerin rümpft die Nase und deutet in die Runde. Das spanische Mähnenwunder zuckt zusammen. „Du natürlich nicht, mein armer Bub. Mein armer kleiner Sonnenschein muss in so einer Bruchbude leben. Schlimm ist das." Der arme kleine Sonnenschein hat wegen der Fliegen gezuckt und nicht, weil er über Nacht zum sensiblen Architektur-Experten geworden ist, aber egal.

Die Frau geht weiter. Der Mann, der sich ihr Klagelied anhören muss, folgt schicksalsergeben. Der hat's nicht so gut wie wir, der muss abends mit ihr nach Hause fahren und wir schlafen schön im Stall, denke ich mir. ~~Aber ich bin ja hier nur das Pferd und man sagt mir nach, ich würde lästern. Ist doch wahr.~~

„Und hier." Sie kickt mit dem Fuß in einen Haufen Heu, der per Schubkarre zu uns aufs Paddock gefahren werden soll. Sicherheitshalber kommt sie aber nicht auf die Idee, mal eben selbst Hand anzulegen. „Und dann liegt das da so rum. Wie sieht das denn aus, frage ich dich." Ihre Stimme wird lauter. „Hier könnte wirklich mal alles neu gestrichen werden. Und aufgeräumt. Die ganzen ollen Halfter hier braucht doch kein Mensch."

„Die sind von dir", wendet der Mann ein. „Die hängen hier seit zwei Jahren rum, weil du die nicht zuhause oder im Spind haben wolltest."

„Der Spind ist aber wirklich zu klein", behauptet die Frau und nimmt ihre verlorenen Schätze wieder an sich. „Ach guck mal, das blaue! Und hier, das rote! Und das hübsche Flauschi-Halfter!"

Unter uns: Der Spind ist so groß, der ist quasi begehbar. Aber ich bin ja hier nur das Pferd, siehe oben.

„Und die ollen Regendecken hier. Wie die so staubig in der Ecke hängen. Da wohnen doch bestimmt die Mäuse drin. Und das sind gar keine schlechten, guck mal: Nobelmarke xyz."

Der Mann guckt. „Das sind übrigens auch deine", merkt er an.

„Ach hiiiieeeer sind die! Und die hab ich so lange gesucht! Und dann neue gekauft! Jetzt kommt ihr aber alle mit nach Hause!" Sie lächelt verliebt und packt dem Mann die Decken in die Arme. Sie selbst ist ja mit den Halftern schon schwer beladen.

„Aber trotzdem", sinniert sie, „einmal im Leben möchte ich es auch mal schön haben. Wo man sich um nix kümmern muss und einem dienstbare Geister jeden Wunsch von den Augen ablesen."

„Also wie zuhause", kommentiert der Mann. Er traut sich das, weil er kochen kann und die sogenannte Besitzerin damit in der Hand hat. Liebe geht halt immer durch den Magen.

„Ja ist das denn zuviel verlangt?", ereifert sich die Frau. „Und wo nicht dauernd irgendwas rumsteht." Genervt zeigt sie auf eine Schubkarre.

„Die hast du vorhin da hingestellt, weil sie woanders – ich zitiere – *dein Auge beleidigt hat.*" Ich weiß ja nicht, wie der Mann das macht, dass er so sagenhaft unerschütterlich ist. Das kommt wohl von diesem OMMM, was ihm aus allen Poren fließt. Auf jeden Fall wirkt es auch auf die Frau, die mit einem Mal ganz einsichtig und zahm ist, weil sie inzwischen ganz hinten in der Sattelkammer ein vergessenes Schabracken-Depot aufgetan hat und ziemlich sicher ist, dass ihr der ganze Stapel gehört. Da hängen Erinnerungen dran. Und Spinnweben. Und so ganz vielleicht müsste sie doch mal ordentlicher werden und der Stall kann gar nichts dafür, dass da überall ihre Sachen rumliegen. Wer weiß das schon, ich bin ja schließlich nicht Jesus, sondern nur ein Freizeitpferd.

Und die sogenannte Besitzerin eine Freizeitreiterin, die nur zu ihrem Vergnügen reitet und nicht etwa, weil sie damit Geld verdienen müsste. Es spricht also eigentlich nichts dagegen, die Reiterei gutgelaunt und vergnügt zu betreiben und nicht ständig von Piaffe oder Reitkunst zu träumen, obwohl man ein Körperklaus sondergleichen ist. Aber Erkenntnis ist möglicherweise der erste Schritt zur Besserung. Wobei die sogenannte Besitzerin auch da immer für eine Überraschung gut ist.

BUHUHU – WARUM MACHT MEIN KÖRPER NICHT DAS, WAS ICH WILL?

Dicke Tränen kullern. Die Frau und ich haben Reitunterricht – sie mehr als ich, ich kann ja schon alles – und jetzt weint sie Krokodilstränen. Das ist mal eine Abwechslung zu sonst, wo sie immer Piaffe reiten will, rasend schnell Blutdruck kriegt und mit Frau Reitlehrerin diskutiert. Es muss also etwas wirklich Schlimmes vorgefallen sein.

Und damit meine ich nicht, dass die Schabracke farblich nicht zur Reithose passt – Drama Drama Drama – oder dass sich Madame vor dem Aufsitzen wieder so eingeferkelt hat, dass es einfach nur peinlich ist (normaler Alltag). Nein, diesmal ist es was Ernstes.

Der Mann hat ja bei uns die Aufgabe, ihre Reit-künste fotografisch zu begleiten, was er hingebungs-voll tut. Die Frau guckt sich dann immer die Bilder an und schimpft, weil sie der Mann so schief fotografiert. Heute hat allerdings Frau Reitlehrerin eine entsprechende Sitzkorrektur formuliert, was das Weltbild der Frau gehörig ins Wanken bringt. Denn tatsächlich fotografiert der Mann gerade, aber die Frau sitzt schief. Krumm und schief. Wie ein buckliges Fragezeichen.

Wobei es Frau Reitlehrerin natürlich pädagogischer formuliert. „Du knickst in der Hüfte ein!" ist ihr sachlicher Kommentar, und da kann sie noch so pädagogisch lächeln, die Tränen fließen. Weil sich die sogenannte Besitzerin doch so sehr anstrengt. Und mittlerweile sogar der Wahrheit ins Auge blickt und akzeptiert, dass sie links in der Hüfte einknickt, was man unter anderem sehr schön daran erkennt, dass ihre rechte Schulter wesentlich höher ist als ihre linke. Die Frau ist ja nicht dumm und nimmt nun einfach die rechte Schulter nach unten, wodurch zwangsläufig die linke Schulter hochkommt. Gewusst wie, haha! Bis zur nächsten Reitstunde, wo ihr dann leider Frau Reitlehrerin freundlich erklärt, dass sie nun keineswegs gerade sitzt, sondern anders schief. Weil sie nämlich jetzt rechts in der Hüfte einknickt.

Also gleiches Problem, nur andere Seite. Hmpf. Damit hat die Frau nicht gerechnet.

„Und was jetzt?", fragt sie verzagt. So ganz unter uns: Wenn sie sich bemüht, reiten zu lernen und an ihrem Sitz arbeitet, ist sie wirklich niedlich. Mein kleiner Mensch. Hach. Für gewöhnlich sind die Leckerli in der Hosentasche ihre beste Charaktereigenschaft, aber sie kann schon auch wirklich putzig sein. Aber ich schweife ab.

„Streck deinen Körper nach oben aus", schlägt Frau Reitlehrerin vor. „Das ist viel einfacher und viel wirkungsvoller."

„Und wie mache ich das?", erkundigt sich die

sogenannte Besitzerin interessiert. Wirkungsvoll ist gut, einfach noch besser.

„Indem du dich aufrichtest", erklärt Frau Reitlehrerin. „Du kannst dir zum Beispiel vorstellen, du hättest ein Fädchen an deiner Brustwirbelsäule, an dem du aufgehängt bist. Dann richtet sich dein Körper auf und deine Schultern fallen entspannt nach hinten-unten."

„Ich kann das aber auch ohne diese bescheuerten inneren Bilder", erklärt die Frau, jetzt schon wieder auf Krawall gebürstet. So kennen wir sie: Von null auf hundert in weniger als einer Nanosekunde.

„Dann ist die Bewegungsqualität aber vielleicht nicht so gut", gibt Frau Reitlehrerin zu bedenken. „Wenn du an deinem Fädchen baumelst, ist die Bewegung eher entspannt. Wenn du dich aktiv aufrichtest, besteht die Gefahr, dass du dich *ver*spannst." Wie gut sie die Frau kennt. Verspannt ist nämlich ihr zweiter Vorname.

Die Frau macht insgeheim Bewegungsstudien mit sich selbst und stellt fest, dass Frau Reitlehrerin recht hat. *Wie macht die das nur???*, fragt sie sich. *Aber gut, dass sie so viel Ahnung hat.* Und da sind wir uns ausnahmsweise mal einig.

Aber Frau Reitlehrerin ist noch nicht fertig: „Außerdem könntest du Bauchmuskeltraining machen. Das stabilisiert deine Körpermitte."

Und zack, schon wieder schlechte Laune. „Bauchmuskeltraining macht aber keinen Spaß", verkündet die sogenannte Besitzerin.

„Es ist aber für einen guten Zweck", lockt Frau Reitlehrerin. „Bauchmuskeln sind nicht nur für Pferde wichtig. Auch schiefen Menschen kann eine gute Bauchmuskulatur helfen. Ganz davon abgesehen, dass sie den Sitz verbessert."

„Irgendwie gibt's da ziemlich viele Ähnlichkeiten zwischen Pferden und Menschen", mutmaßt die Frau.

„Deshalb kann man Pferde auch allein über den Sitz reiten. Wenn man es kann", erklärt Frau Reitlehrerin. „Und wäre es nicht toll, wenn du den Pfridolin aus deinem Sitz heraus versammeln könntest?"

Versammlung! Sie hat Versammlung gesagt! Jetzt ist die sogenannte Besitzerin wieder auf Kurs und wird möglicherweise sogar über ihre Bauchmuskeln nachdenken. Ich bin gespannt.

Wobei dieses Denken ja oft lästig und anstrengend ist. Viel schöner und einfacher ist es, rumzustehen und andere auf ihre Fehler hinzuweisen. Und eigentlich ist das sogar eine gute Tat. Findet jedenfalls die sogenannte Besitzerin, die zwar von nix eine Ahnung hat, aber dafür alles besser weiß.

„DAS BEIN IST LANG UND LOCKER."
„VON WEGEN!"

„Das Bein ist lang und locker." Frau Reitlehrerin steht in der Reithalle und gibt Unterricht. Und zwar ausnahmsweise nicht der Frau, meiner sogenannten Besitzerin. Die steht nämlich mit den anderen Reitprofis hinter der Bande und lästert. Nein, aktuell sind mein Kumpel Paul und seine Reitbeteiligung Mia dran.

„Lang und locker, pffffff. Von wegen! Guck doch mal, wie die die Knie hochzieht! Und wie die überhaupt sitzt", ereifert sich die sogenannte Besitzerin. „Die muss man doch einmal durchkorrigieren! Das geht gaaaaaaar nicht!" Mit Sitzfehlern kennt sich die sogenannte Besitzerin nämlich aus, ihre Grundstellung beim Reiten ist *querschnittsgelähmter Frosch*. Wo sich Frau Reitlehrerin dann die Mühe macht, die Beine der Frau mit viel Zeit, Geduld und freundlichem Lächeln aus dieser Grundstellung herauszulocken, so dass es hinterher fast wie Reiten aussieht.

„Die" hat mitbekommen, dass man über sie lästert. Das macht keine schöne Stimmung beim Reiten. Und Entspannung schon gar nicht.

„Und wie der Paul läuft!!! Da kann man ja gar nicht hingucken!", meint Reitexpertin Nummer Zwei.

Dann guck doch einfach woandershin, würde ich vorschlagen, aber ich bin ja hier nur das Pferd und muss das alles mitanhören. Und mir sagt man dann nach, ich würde lästern.

„Also wenn ich da in der Mitte stehen würde, dann würde ich erstmal dafür sorgen, dass der Paul anständig läuft", kommentiert Reitprofi Nummer Drei.

„Aber wenn die Reiterin so schlecht sitzt, kann der Paul ja gar nicht anders laufen", weiß die sogenannte Besitzerin aus leidvoller eigener Erfahrung.

„Die muss man sitztechnisch einmal auf links drehen und dann läuft der Gaul", gibt ihr Reitprofi Nummer Zwei recht.

„Die müsste doch…" „Warum sagt sie nicht …" geht es weiter.

Mia ist inzwischen deutlich verunsichert. Pauls Zirkel werden immer kleiner, damit sie näher bei Frau Reitlehrerin ist und zugleich möglichst weit weg von den Reitprofis.

Frau Reitlehrerin hat das Ganze längst durchschaut – Reitlehrer kriegen ja immer ALLES mit – und lässt Mia einfach auf den Mittelzirkel gehen, wo Mia und Paul ungestört an der Losgelassenheit arbeiten können. Mit einem strahlenden Lächeln verkündet sie, dass die Situation, die Mia so stresst, in Wirklichkeit eine wunderbare Übungssituation wäre, in der sich Mia auf ihre Atmung und ihren Körper konzentrieren könnte. Gemeinsam gehen sie sie die einzelnen Körperteile durch, entspannen hier, lassen da locker, denken auch mal ans rückwärts Radfahren und an weiche Augen, die dabei helfen, dass man sich entspannen kann. Im Gegensatz zur sogenannten Besitzerin geht Mia bereitwillig auf alle vorgeschlagenen inneren Bilder ein, kriegt keinen Blutdruck und diskutiert auch nicht mit Frau Reitlehrerin, so dass sich sehr schnell der gewünschte Erfolg einstellt: Mia und Paul traben locker und lässig ihre Zirkel, gehen entspannt auf den Gruselzirkel mit den Reitprofis hinter der Bande und kommen dann zu anderen Hufschlagfiguren.

„Laaaangweilig", maulen die Reitprofis und ziehen mit langen Gesichtern wieder ab. Nur die sogenannte Besitzerin drückt sich noch in der Halle herum. Weil sie ja auch Unterricht bei Frau Reitlehrerin hat und sich somit als Hilfstrainerin fühlt. Gefühlt hat sie das alles ja auch hinter sich. Been there, done that. Und bildet sich jetzt ein, dass sie es kann. Also zumindest besser als Mia. Die trabt ja sogar auf dem falschen Fuß leicht. Ts ts ts. Das würde der Frau nie passieren.

„Umsitzen!", ruft sie deshalb laut. Um Frau Reitlehrerin zu unterstützen. Und um Mia zu zeigen, dass sie es besser kann. Blöderweise geht die undankbare Mia gar nicht auf die kostenlose Korrektur ein.

Na warte, denkt sich die Frau und dackelt nach der

Reitstunde zu Frau Reitlehrerin, um das Gesehen nachzubereiten. ~~Frau Reitlehrerin freut sich ein Loch in den Bauch, dass ihr die Frau wie ein Schatten folgt.~~ Frau Reitlehrerin ist Pädagogin durch und durch und hört sich die Verbesserungsvorschläge der Frau geduldig an. Die hat nämlich inzwischen die Reitlehre revolutioniert, spontan ein ganz neues System des Reitunterrichts entwickelt und erklärt Frau Reitlehrerin jetzt ihre Arbeit.

Danach erklärt Frau Reitlehrerin der Frau, wie sie ihren Unterricht gestaltet und was sie warum tut. Das hat was mit Didaktik zu tun, mit Psychologie und natürlich auch mit Reitlehre. Aber was nutzt einem das schönste reiterliche Fachwissen, wenn die Reitschülerin physisch oder psychisch gar nicht in der Lage ist, das zu tun, was man von ihr will? „Man kann immer nur das korrigieren, was die Reiterin in dem Moment auch umsetzen kann", fasst Frau Reitlehrerin zusammen.

„Aber man muss doch …"wendet die Frau zaghaft ein. „Den Sitz und so. Und das Pferd. Und überhaupt."

Frau Reitlehrerin lächelt didaktisch.

„Aber aber aber", macht die Frau weiter und hat schon den Faden verloren.

„Man kann nicht an allem gleichzeitig arbeiten", erklärt Frau Reitlehrerin mit Engelsgeduld. „Es geht immer nur eins nach dem anderen, und zwar auf das jeweilige Pferd-Reiter-Paar abgestimmt. DIE Korrektur gibt es nicht, man muss das korrigieren, was möglich ist. Wir wollen ja schließlich, dass Reiter und Pferd weiterhin motiviert mitmachen."

„Ach du liebes Bisschen. An die Motivation muss man auch noch denken! Und mal ganz ehrlich, dieses ganze psychologische Drumherum macht einen doch komplett verrückt", seufzt die Frau.

„Sicher, es ist anspruchsvoll. Aber gleichzeitig auch der schönste Beruf der Welt", lächelt Frau Reitlehrerin.

Und da lächelt auch die sogenannte Besitzerin und ist richtig, richtig froh, dass es Frau Reitlehrerin gibt.

Und was meint ihr, wie froh ich erst bin. Die sogenannte Besitzerin ist zum Glück nicht geizig mit den Leckerli, was ich großmütig akzeptiere und unter Schmerzensgeld verbuche. Aber manchmal, so ganz manchmal brauche ich doch jemand, der für mich übersetzt. Beziehungsweise meiner Reiterin pädagogisch Bescheid sagt, dass die Stimmen in ihrem Kopf nicht immer Recht haben.

FEIN AM BEIN

„Jetzt mach schon", ruft die Frau, meine sogenannte Besitzerin, und kickt mich in die Seite. „Zackzack!"

Also erstens ist zackzack keins der Stimmkommandos, die ich kenne, und zweitens ist in die Seite gebolzt werden sehr unangenehm. Und drittens – was soll das? Hilfesuchend sehe ich Frau Reitlehrerin an, die sich von meiner Reiterin erklären lässt, was die mit ihrer diffusen Hilfengebung bezweckt.

„Der soll endlich mal vorwärts gehen, der ist ganz schlimm faul", ist die Antwort. Und das von der sogenannten Besitzerin, die ja sonst den Heldentod stirbt, wenn ich mal ein bisschen motivierter unterwegs bin.

„Fürs vorwärts haben wir ja verschiedene Hilfen installiert", erinnert Frau Reitlehrerin mit einem freundlichen Lächeln. „Denn Reiten ist kein Kampfsport, sondern Kommunikation mit dem ganzen Körper, und diese Sprache müssen Reiter und Pferd beherrschen."

„Langweilig", winkt die sogenannte Besitzerin ab. Die will schließlich Piaffe reiten und nicht immer

Vorlesungen zu so Anfängerthemen bekommen. Aber Frau Reitlehrerin vertritt die Ansicht, dass die Basics eben die Basis für alles andere sind, und wenn die schon nicht stimmen, kann man darauf auch nicht aufbauen und auch keine weiterführenden Lektionen entwickeln. Also auch keine Piaffe.

„Keine Versammlung, kein Garnichts", seufzt die Frau und ist jetzt wieder gesprächsbereit.

„Das Vorwärtsreiten beginnt mit deinem inneren Bild davon", erklärt Frau Reitlehrerin. „Du richtest dich auf und atmest ein. Das ist eine halbe Parade."

Ach guck. Wusste die sogenannte Besitzerin gar nicht, dass sie so tolle Sachen reitet. Sie wird direkt einen halben Meter größer.

„Dann kommt die Einwirkung mit dem Becken – das berühmte Kreuz anspannen. Und dann kommen erst die Schenkel. Das ist die Hierarchie der Hilfen."

Die Frau erinnert sich dunkel. „Und als letztes kommt die Einwirkung mit der Hand, stimmt's?", rät sie.

„Ganz genau", lobt Frau Reitlehrerin.

„Aber wenn ich meine Schenkel anlege und nix passiert – dann muss ich doch stärker treiben, oder? Die anderen kicken die Pferde dann auch in die Seite." Oder reiten mit Sporen, was ja Frau Reitlehrerin blöderweise nicht erlaubt.

„Dafür hast du die Gerte", ist die Antwort. „Mit ihr berührst du den Pfridolin leicht, wenn er nicht auf deine Schenkelhilfe reagiert."

„Und wenn er darauf auch nicht reagiert?" Anscheinend plant die sogenannte Besitzerin die nächsten Eskalationsstufen. Ich bin entsetzt.

„Dann tickst du ihn leicht an."

„Hab ich doch schon."

„Nein, du hast ihn berührt", korrigiert Frau Reitlehrerin. „Erst so, als säße eine Fliege auf seinem Fell, dann wird das Insekt ein bisschen größer und das Gefühl auf der Haut ein bisschen stärker. Wobei du ihn nicht schlägst, sondern nur antippst, aber immer einen Hauch mehr als vorher. Und wenn du das konsequent machst, wird er besser auf deine Schenkelhilfe reagieren und du brauchst die Gerte nicht mehr. Später musst du dich nur noch aufrichten und einatmen und irgendwann reicht schon das innere Bild, damit er zum Beispiel antrabt."

„Verrückt", staunt die sogenannte Besitzerin.

Aber Frau Reitlehrerin ist noch nicht fertig: „Junge Pferde sind von Natur aus ganz fein und empfindlich. Sie werden systematisch abgestumpft, weil viele Leute das feine Reiten nicht beherrschen oder sich schlicht nicht dafür interessieren. Oder weil die Pferde so bewegungsstark sind, dass die wenigsten Reiter diese Bewegung sitzen können. Ganz verbreitet ist ja auch die Idee des Dauertreibens. Das stumpft beide ab, Reiter und Pferd. Der Reiter treibt ganz automatisch und merkt es gar nicht mehr und das Pferd versucht, die hämmernden Schenkel zu ignorieren, weil es ja offensichtlich nicht schneller werden soll. Wenn es schneller wird, wird nämlich am Zügel gezogen." Da weiß sogar die sogenannte Besitzerin, dass das nicht richtig sein kann. Sie fragt: „Und wie macht man es besser?"

„Man setzt seinen Körper bewusst ein."

„Ach so. Na wenn das so einfach ist, wundert es mich aber, dass da noch keiner draufgekommen ist", antwortet die Frau schnippisch.

„Das geht natürlich nicht mal eben so, aber in der Reiterei gibt es nun mal keine Abkürzungen", fasst Frau Reitlehrerin mit einem pädagogischen Lächeln zusammen.

Das hat die sogenannte Besitzerin schon vermutet und seufzt abgrundtief.

„Reiten lernen ist ein Prozess", tröstet Frau Reitlehrerin. „Es ist eine Reise, bei der man immer mehr über sich und über sein Pferd erfährt. Und irgendwann ist es ganz leicht und mühelos und du musst nur noch denken."

„Das hört sich aber schön an", findet die Frau.

Und ich möchte jetzt bitte an meinen Futtertrog reisen, bevor das hier noch in Arbeit ausartet. Da warten Möhren auf mich und ich finde, das hört sich auch sehr schön an.

Ja und dann gibt es noch die Momente, die nicht schön sind. Wo Pferdebesitzer aus lauter Liebe schlimme Dinge tun und Frau Reitlehrerin einschreiten muss.

„MEIN SEELENPFERD DARF NICHT STERBEN!"

„Mein Seelenpferd darf nicht sterben!" Auch dann nicht, wenn es vor Altersschwäche nicht mehr stehen kann oder wegen verschiedener Krankheiten mehrere Jahre seine Box nicht verlassen durfte. Weil das nämlich schlimm für die Besitzerin ist. Die hängt soo soo sehr an ihrem Seelenpferd und redet es sich passend, dass bei Waltraud mit ihren sechsunddreißig Jahren so langsam alle Körperfunktionen aussetzen. Oder dass Bibis nun schon dreijährige Boxenhaft noch drei weitere Jahre dauern soll. Oder am liebsten gar nicht enden soll. Zitat Frau Bibi: „Die will gar nicht mehr raus ihrer Box. Sooo wohl fühlt sie sich da drin!"

Frau Reitlehrerin kann es nicht mehr mit ansehen und bittet Frau Bibi und Frau Waltraud zum Gespräch. Pädagogisch natürlich, wie das so ihre Art ist. Und erklärt, dass man zu seinem Pferd eine ganz besondere Beziehung hat und dass die Pferde riesengroße Löcher im Herzen hinterlassen, wenn sie mal nicht mehr sind. Dass das Leben aber trotzdem weitergeht und man die Trauer überwindet. Und dass man eine genauso riesengroße Verantwortung seinem Pferd gegenüber hat, es keine Schmerzen leiden zu lassen und ihm bis zum Ende ein schönes Leben zu ermöglichen. Für ein Fluchttier ist es zum Beispiel ganz furchtbar, wenn einem die Gliedmaßen nicht mehr gehorchen. Und wenn man dann als Pferd an Altersschwäche eingeht oder weil einfach der Kreislauf zusammenbricht, dann ist das mit Ängsten und Schmerzen verbunden, die man seinem Pferd ersparen kann. Wenn man es liebhat. Wenn man so wie Waltraud ein schönes, langes Leben hatte und bis zuletzt mit anderen Oldies auf die Weide konnte, dann kann man ihnen den letzten, schrecklichen Teil ersparen. Wenn sie umfallen und nicht mehr aufstehen können zum Beispiel.

Das gleiche gilt für Pferde, die jahrelang ihre Box nicht verlassen können – aus welchen Gründen auch immer. Drei mal vier Meter ist kein geeigneter Lebensraum für ein Pferd, das in der Natur jeden Tag zwanzig, dreißig Kilometer zurücklegt. Das kann man einem Pferd vorübergehend zumuten, aber nicht über Jahre. Dann ist es gnädiger, das Pferd zu erlösen als es jeden Tag zu quälen.

„Aber mein Seelenpferd darf nicht sterben!", schluchzt Frau Bibi.

„Weil…?", fragt Frau Reitlehrerin.

„Ich sonst nichts im Leben habe", sagt Frau Bibi leise. „Die Bibi habe ich als Kind bekommen, die war schon immer da. Ich kann mir kein Leben ohne sie vorstellen."

„Die Bibi wird so oder so sterben. Jeder Mensch

und jedes Tier muss sterben", sagt Frau Reitlehrerin sanft. „Es liegt in deiner Macht, ob es ein gnädiger Tod wird oder ob sie sich quälen muss."

Frau Bibi guckt nachdenklich. Und ich weiß ja auch nicht, ich mag lieber lustige Sachen schreiben, aber es ist halt nicht immer lustig im Leben. Wisster Bescheid, Schätzeleins.

Das Gegenstück zu Frau Bibi ist Frau Reichundschön, für die ihr Walter bestenfalls ein Sportgerät ist. Ein teures zwar, eins, das die Haxen schmeißen kann wie kein zweites, aber im Grund genommen ein bewegliches Sitzmöbel, was gefälligst zu parieren hat. Aber auf aufregende und dynamische Art und Weise, denn eins will Frau Reichundschön nicht sein: Langweilig.

BOAH, LANGWEILIG!

Große Aufregung. In der Reithalle ist Kirmes, weil Frau Reichundschön ihren Walter durchbewegt. Und das wollen alle sehen, weil Walter von Haus aus Dressurkracher ist und im Mitteltrab die Lampen in der Halle austreten kann. Hinten kommt er nicht so mit, aber vorne strampelt er wie ein Weltmeister. Bequem ist das nicht, deshalb sitzt Frau Reichundschön in aerodynamischer Schräglage und hält sich an den Zügeln fest. So kommt sie gut über die Diagonale und die Reitprofis hinter der Bande – meine sogenannte Besitzerin vorneweg – beneiden sie glühend. Wie der die Haxen schmeißt! Dieses Vorderbein! Und was für eine Ausstrahlung! Eine gestresste nämlich, aber ich bin ja hier nur das Pferd und man sagt mir nach, ich würde lästern. Da rollt das Auge und die Nüstern blähen sich, weil Frau Reichundschön den Nasenriemen so zugeknallt hat, dass Walter nicht mehr gescheit schnaufen kann. Mit der Begründung: „Im Sport muss das so!" Zugleich riegelt sie ihm die Rübe runter, weil sie es reell nicht geritten bekommt. Hach, seufzen die Reitprofis.

Zeitgleich ist Frau Reitlehrerin mit ihrem Dieter da. Deshalb drückt sich die sogenannte Besitzerin ja auch in der Halle herum. Sie will doch mal sehen, wie es richtig geht, hat sie dem Mann vorher anvertraut. Dieter ist fein geritten, bewegt sich taktmäßig und losgelassen und sieht langweilig aus. Da ist ja keine Action, stellen die Zuschauer, allen voran die sogenannte Besitzerin, fest. Anders als bei Walter, der gerade schwitzend um sein Leben steppt. Frau Reichundschön nennt es Versammlung und halbe Tritte, aber tatsächlich ist es Angst auf der Stelle.

Währenddessen zeigt Dieter langweilig harmonische Übergänge. Auch die Seitengänge werden abgefragt und sehen halt nicht besonders aufregend aus, weil Dieter auf feinste Hilfen reagiert und die Lektionen korrekt ausführt.

Boah langweilig, stellt die Frau, meine sogenannte Besitzerin, enttäuscht fest. Sie hatte sich da mehr erhofft… mehr Action, mehr Ausstrahlung, mehr Adrenalin, mehr ALLES.

„Gutes Reiten ist eben unspektakulär", erklärt Frau Reitlehrerin, nachdem sie Dieter abgesattelt und aufs Paddock gestellt hat. „Das ist ja kein Kampfsport, wo ständig was passieren muss. Beziehungsweise es passiert ständig was, aber es sind ganz kleine Bewegungen."

„Die berühmte unsichtbare Hilfengebung", seufzt die Frau, die mangels Körperbeherrschung noch nicht so weit vorgedrungen ist und der einfach auch der Blick für die Feinheiten fehlt.

„Ganz genau. Manchmal muss man auch nur etwas denken und die ganz kleinen, unbewussten

Bewegungen, die man dabei macht, reichen aus, um sich mit dem Dieter zu verständigen. Das ist wie flüstern und schreien. Beim Flüstern bekommen es auch nur wenige mit. Schreien ist viel auffälliger, das bleibt kaum einem verborgen."

„Der Dieter macht auch einen viel zufriedeneren Eindruck als Walter", findet der Mann, der ebenfalls in der Halle zugeguckt hat. „Walter hat Stress pur, das kann ja nicht richtig sein."

„Du hast ja keine Ahnung. Wenn sich ein Pferd anstrengt, guckt es eben so", weist ihn die Frau zurecht.

„Wenn ein Pferd sich anstrengt, guckt es anders, als wenn es an der Heuraufe steht, aber es gibt einen Unterschied zwischen Anspannung und Verspannung", findet Frau Reitlehrerin. „Und wenn ein Pferd keine Anzeichen von Losgelassenheit zeigt, dann ist es definitiv nicht richtig." Und weil die sogenannte Besitzerin komisch guckt, zählt sie sicherheitshalber auf: „Losgelassenheit erkennt man daran, dass das Pferd einen zufriedenen Gesichtsausdruck hat und der Schweif taktmäßig pendelt. Das Pferd kaut mit geschlossenem Maul, es schnaubt ab, der Rücken schwingt gleichmäßig, das Pferd zeigt Dehnungsbereitschaft und tritt ans Gebiss heran."

„Ja genau", sagt die Frau und tut so, als hätte sie das vorher schon gewusst.

„Beim Reiten ist es wie in einer Beziehung: wenn man sich gut versteht, ist es am schönsten. Und das sieht für Außenstehende möglicherweise langweilig aus, das ist aber dann deren Problem", fasst der Mann gutgelaunt zusammen und da muss ihm auch die sogenannte Besitzerin recht geben.

Also: langweilig und harmonisch rockt! Spektakulär und unphysiologisch eher nicht.

Für die Frau war das jetzt erstmal genug Kringel reiten in der Halle. Sie möchte was Anderes machen, was Natürliches. Weil: In der Natur laufen Pferde ja auch keine Hufschlagfiguren in Reithallen. In der Natur werden Pferde auch nicht geritten, aber darauf ist sie noch nicht gekommen. Was sie sich da so vorstellt, weiß man nicht genau. Nur dass es halt *anders* sein soll. Frau Reitlehrerin ist sofort dabei, weil sie gern ausreitet und das einen ganz wichtigen Bestandteil der Ausbildung von Reiter und Pferd findet. Und wegen mir kann es gerne losgehen.

UND WAS KANN MAN HIER JETZT TOLLES REITEN?

„Und was kann man hier jetzt Tolles reiten?" Missmutig wendet sich die sogenannte Besitzerin an Frau Reitlehrerin. Sie wollte ja mehr so natürliche Sachen reiten und nicht immer in der Halle im Kreis. Wo ich auch ganz ihrer Meinung bin. Frau Reitlehrerin findet das auch eine gute Idee und jetzt stehen wir im Wald auf dem Reitweg rum und die sogenannte Besitzerin hat schlechte Laune. Weil möglicherweise schon der Weg in den Wald zu aufregend war, denn die Frau war wieder am Hyperventilieren wie nur was. Anscheinend wirken die Beruhigungskräuter in der Futterkammer nicht mehr. Oder sie braucht die Mischung für nervliche Totalschäden, man weiß es nicht.

„Eine ganze Menge", strahlt Frau Reitlehrerin, an deren Gute-Laune-Beschichtung die miese Laune der sogenannten Besitzerin elegant abperlt. Sie sieht die Frau prüfend an und beschließt: „Wir fangen mit Viereck verkleinern und vergrößern an, aber ohne Viereck."

Die Frau guckt komisch.

Frau Reitlehrerin erklärt: „Hier ist der Weg etwas

breiter, da können wir schön vorwärts-seitwärts vom rechten Wegrand an den linken Wegrand reiten und umgekehrt. Der Pfridolin wird dabei leicht nach außen gestellt, das ist in unserem Fall der Wegrand, von dem du wegreitest, und bleibt in sich gerade."

Die Frau muffelt. „Und wenn ich Volten reiten will?"

„Dann musst du das irgendwo machen, wo Platz dafür ist, zum Beispiel in der Halle oder auf einem Stoppelfeld, das wir benutzen dürfen. Man kann immer nur das reiten, was gerade möglich ist."

Also nix mit *Ich mach mir die Welt, wie sie mir gefällt*. Doof, findet die Frau.

Frau Reitlehrerin demonstriert inzwischen mit ihrem Dieter, wie sie sich das Viereck verkleinern ohne Viereck vorstellt. Und bei Frau Reitlehrerin sieht das so elegant aus, dass die Besitzerin jetzt doch motiviert mitmacht. Frau Reitlehrerin hat Dieter in der Botanik geparkt und besichtigt unsere Übungen. „Sehr schön!", lobt sie. „Wenn du möchtest, können wir jetzt noch ein paar Seitengänge versuchen und dann Übergänge reiten."

Ach du liebes bisschen – Seitengänge!!! Ohne Bande!!! „Das geht doch gar nicht", behauptet die sogenannte Besitzerin.

„Das geht ganz wunderbar", lächelt Frau Reitlehrerin unbeeindruckt.

„Aber hier ist die Galoppstrecke, da geht das nicht."

„Hier ist ein Stück Weg, auf dem du oft galoppiert bist", berichtigt Frau Reitlehrerin. „Wir gehen jetzt im Schritt hier entlang. Du solltest auf den Strecken, auf denen du galoppierst, auch immer traben oder Schritt gehen, damit dein Pferd entspannt bleibt und dir zuhört. Pferde sind Gewohnheitstiere. Menschen auch. Man muss also aufpassen, welche Gewohnheiten man sich zulegt. Heute ist es ohnehin sehr warm, da fällt es dir leicht, den Pfridolin im Schritt zu halten."

Dieter geht entspannt vor und ich hänge mich an seinen Schweif, da kann er mir schön die Fliegen wegwedeln. „Die Gangart stimmt schon mal", strahlt Frau Reitlehrerin. „Jetzt hast du links und rechts einen Wegrand, das ist wie eine Bande. Und daran kannst du dich orientieren."

Die Frau guckt fragend.

Frau Reitlehrerin übersetzt: „Ich kann den Dieter am rechten Wegrand gehen lassen und so tun, als wäre das die Bande. Dann drehe ich mich nach links und nehme meine linke Schulter mit, zugleich liegt mein linker Schenkel am Gurt, der rechte verwahrend dahinter. Dann geht der Dieter Schulterherein links." Während sie spricht, biegt sie Dieter links und lässt ihn vorschriftsmäßig auf drei Hufschlägen vorwärtsseitwärts schreiten.

„Krass", staunt die sogenannte Besitzerin.

Frau Reitlehrerin spricht weiter: „Dann kann ich die Vorhand wieder auf die Hinterhand ausrichten und Travers links reiten." Sie demonstriert es.

„Travers wird auch Kruppeherein genannt, warum, siehst du selbst. Oooooder ich wechsele an den linken Wegrand und reite da Schulterherein rechts und Travers rechts."

Der Frau raucht schon der Kopf vor lauter rechts und links. Aber das mit dem Kruppeherein ist eine gute Hilfe, um sich diese ganzen verflixten Seitengänge zu merken. Und ganz soviel Dressur wollte sie eigentlich doch nicht reiten. Sie beschließt: „Morgen machen wir Horse Walking, das ist auch schön."

Oder Gras to Go, wie ich es nenne. Ich finde das auch schön.

Horse Walking ist ja nichts anderes als Spazieren-gehen. Wobei ich die Bezeichnung *Begleitetes Grasen* besser finde, denn nichts anderes passiert da. Jedenfalls, wenn der Mann dabei ist. Weil der Frau die Lauferei zu viel ist oder weil es zu warm ist oder zu kalt ist oder was weiß ich. Also alles total entspannt, bis die sogenannte Besitzerin wieder zu lange im Internet ist und vom Dressur-Virus befallen wird. Und zack! klebt sie wieder an der Bande bei den anderen Pferdeprofis.

ABER DAS MACHEN ALLE SO!

Fasziniert beobachtet die Frau, meine sogenannte Besitzerin, wie sich die neue Profi-Bereiterin um die Dressurkracher von Frau Reichundschön kümmert. Der professionelle Beritt ist wichtig, weil Frau Reichundschön so einfach nur die Aufgabe für die aktuell anstehende Dressurprüfung lernen muss – ihr Pferd kennt die ja schon. Und zum anderen wird auf die Art endlich mal das Niveau in unserem piefigen Freizeitstall angehoben.

Die Frau findet das mega. Die anderen Pferdeprofis hinter der Bande auch. Und gemeinschaftlich findet man heraus: Dieses Reiten ist gar nicht so schwer, wie man immer dachte. Einfach hinten stechen, vorne ziehen, und schon läuft der Gaul. Da muss einfach mehr Dampf auf den Kessel, und dann lüppt dat schon. Weshalb die Profi-Bereiterin natürlich stets mit Sporen und Gerte unterwegs ist und beides beherzt einsetzt.

Und dann sieht die Maja natürlich auch gut aus. Den Namen haben die Pferdeprofis hinter der Bande schnell ermittelt, weil Maja aktuell ihr ganz großes Vorbild ist. Schlank, immer mit blankgewienerten Reitstiefeln, weißen Handschuhen für die Optik und adretter Turnierfrisur. Und wie die auf dem Pferd sitzt! Und was die Pferde bei ihr für einen Kragen machen! Hammer, finden die Reitprofis. Dank der weißen Handschuhe kann man auch schön sehen, was genau die Maja mit den Händen macht, damit die Pferde so eindrucksvoll laufen. Ganz einfach eigentlich – man sägt abwechselnd rechts und links und schon ist die Rübe unten. Und wenn man hinten genug Druck macht, wird auch der Hals schön rund. Das ist ja easy, sagt sich nicht nur die sogenannte Besitzerin.

Und so bietet sich Frau Reitlehrerin bei ihrem nächsten Besuch ein interessantes Bild (interessant ist die kleine Schwester von Scheisse, aber das wisst ihr ja). Die anwesenden Reiterinnen sind alle im Maja-Look, was ja erstmal nicht schlimm ist. Schlimmer ist das, was sie mit den Händen machen.

„Du riegelst ja!", entfährt es Frau Reitlehrerin. Die sogenannte Besitzerin zieht sich den Schuh nicht an: „Ich spiele den Pfridolin nur runter. Die Maja macht das auch so und eigentlich macht das doch jeder." Und übrigens schwärme ich für die Maja wie ein dreizehnjähriges Fangirl, weil die nämlich sooo sooo soooo toll ist. Das letzte denkt sie sich zum Glück nur und spricht es nicht aus.

„Dieses Rechts-Links-Sägen mit den Zügeln ...."

„...runterspielen, genau", nickt die Frau. „Die erfolgreichen Reiter machen das alle und es heißt runterspielen." Falls du das noch nicht gewusst hast, würde sie gern noch sagen, traut sich dann aber doch nicht.

„Meinetwegen auch Runterspielen, aber so ganz eigentlich ist es Riegeln. Abwechselnd rechts-links-am Zügel ziehen hieß immer schon riegeln und ist ein grober reiterlicher Fehler", erklärt Frau Reitlehrerin. „Beim Riegeln verkriechen sich die Pferde hinter dem Zügel und bekommen einen falschen Knick."

Die Frau guckt fragend, aber grantig. Da versucht sie sich weiterzubilden und wieder ist alles falsch, was sie macht. „Die Rübe muss aber doch runter. Und im Sport machen die das auch so. Alle."

„Wir sind hier aber nicht im Sport, wo auch immer das sein soll. Wir wollen, dass der Pfridolin in einer korrekten Anlehnung läuft und dass du ihn von hinten nach vorn ans Gebiss heranreitest." Die Frau zieht ein langes Gesicht, aber Frau Reitlehrerin ist noch nicht fertig: „Denn du möchtest ihn ja gesunderhaltend gymnastizieren, damit er lange gesund bleibt."

Eigentlich möchte sie das ja wirklich. Wenn es doch nicht so furchtbar schwierig wäre. „Das andere ist aber viel einfacher", merkt sie an. „Und ALLE machen das so. ALLE."

„Beim Reiten lernen gibt es leider keine Abkürzungen. Menschen sind handorientiert, sie wollen all das mit der Hand machen, wozu man beim Reiten aber den ganzen Körper benötigt. Und die Hand am allerwenigsten. Deshalb ist das auch so schwer."

Die Frau fühlt sich verstanden und nickt.

Frau Reitlehrerin erklärt weiter: „Das grobe Reiten, wo man mit dem Bein viel Druck macht und vorn einfach den Pferdekopf runterriegelt, ist viel einfacher und sieht für Leute, die sich nicht auskennen, auch schön aus. Es ist aber verschleißend und pferdeverachtend, denn diese Art des Reitens tut den Pferden weh. Sonst müsste man ihnen ja nicht das Maul so zuschnüren, dass sie sich nicht wehren können. Denn das würden sie, wenn man sie ließe."

So hat die sogenannte Besitzerin das noch nicht gesehen. Und so ganz eigentlich möchte sie zwar Dressur-Queen sein, aber auf die nette, pferdefreundliche Art, wie sie Frau Reitlehrerin anvertraut.

Die tröstet: „Das kannst du alles lernen. Es dauert zwar länger, aber dafür kannst du deinen Pferden hinterher noch in die Augen schauen. Es ist verständlich, dass du nach Abkürzungen oder einfachen Wegen suchst, aber die gibt's beim korrekten Reiten nicht. Es dauert so lange, wie es dauert, es ist schwierig und man muss sich über Kleinigkeiten freuen. Aber es ist die einzige Sportart, die auf dem Rücken eines anderen Lebewesens ausgeübt wird, und da trägt man einfach eine besondere Verantwortung."

Reiten hat vielleicht auch was mit Persönlichkeitsentwicklung zu tun, dämmert es der sogenannten Besitzerin, und ich glaube, da ist sie einer großen Sache auf der Spur.

Wo die sogenannte Besitzerin gerade so flauschig ist, habe ich ein neues Projekt gestartet. Das spanische Mähnenwunder darf auch mitmachen, aber nur so am Rande. Denn die eigentliche Herausforderung hat zwei Beine und es ist unklar, ob sie überhaupt kommunizieren kann. Ja genau, ich spreche von der Frau. Ich habe sie beobachtet. Es ist nämlich so, dass sie sich vor allem durch Lautstärke ausdrückt, was ehrlich gesagt nervt. Und da möchte ich zum einen Abwechslung reinbringen und zum anderen Kekse.

TIERKOMMUNIKATION

Wir machen jetzt Tierkommunikation, das spanische Mähnenwunder und ich. Also haben wir ja immer schon gemacht, aber mehr so untereinander. Und jetzt, wo der Lutschi, der eigentlich Lucero heißt, aber die orale Phase nie überwunden hat, also wo jetzt der Lutschi so halbwegs in der Lage ist, mir gedanklich zu folgen, suche ich neue Herausforderungen. Nun ist der Lutschi ja jemand, der seine Gehirnzellen ausnahmslos fürs Mähnenwachstum benötigt. Da ist die nächste Steigerung – bingo! Die sogenannte Besitzerin, bei der es völlig unklar ist, ob sie überhaupt Gehirnzellen hat. Aber sie kann niedlich gucken und hat immer Leckerli in der Tasche, das sind gute Ausgangsvoraussetzungen.

Weil ich auch niedlich gucken kann, habe ich mir folgende Grundkommunikation überlegt: ich gucke niedlich, sie antwortet nonverbal mit einem Keks. Ich gucke weiterhin niedlich, es gibt einen weiteren Keks. Das klappt eigentlich ganz gut. Ich kann ihr auch zeigen, wo sie mich kratzen soll, das ist Tier-kommunikation für Fortgeschrittene.

Für noch weiter Fortgeschrittene begeben wir uns auf die Stallgasse. Da trainiere ich zwei Dialoge mit ihr. Dialog A: Ich knote den Anbindestrick auf, wenn sie sich nicht ausreichend um mich kümmert und quatscht. (Das ist übrigens ganz einfach. Wenn man es ein paar Mal gemacht hat, geht es wie von selbst. Sogar der Lutschi kann das.) Die Botschaft dahinter: Wir sind hier nicht bei der Gesprächstherapie, kümmere dich gefälligst um mich. Keks?

Falls Dialog A nicht von Erfolg gekrönt ist, folgt Dialog B. Ich latsche ihr enthemmt auf den Fuß. Die wenig subtile Botschaft hier lautet: Da hast du wohl nicht gut aufgepasst, sonst hättest du es rechtzeitig gemerkt. Keks?

Für gewöhnlich lasse ich es damit gut sein. Das spanische Mähnenwunder setzt in seinem jugendlichen Leichtsinn noch einen drauf und blinzelt sie verträumt durch seine Stirnzotteln an. Weil er das über einen längeren Zeitraum durchhält als ich (und weil ich keine nennenswerten Stirnzotteln habe, sondern schlimm frisiert wurde), und weil's ja der süüüüüüüße kleine Lutschi ist, kommt er damit durch und kriegt einen weiteren Keks. Also noch einen extra Extra-Keks, egal, was vorher vorgefallen ist. Unfair, oder? Und auch diskriminierend. Ich meine, Tier-Kommunikation gut und schön, aber dann muss die Frau auch mit den Antworten klarkommen. Oder mehr Kekse rausrücken. Oder beides.

Tut sie natürlich nicht. Weil ihre Kernkompetenz nicht Kommunikation heißt, sondern Shoppen. Und da findet die Frau immer sagenhafte Dinge. Wobei: Die Einzige, die von ihren Errungenschaften begeistert ist, ist meist sie selbst.

DIE PRAKTISCHE LONGIERHILFE

„Guck mal, ich war einkaufen. Und da hab ich dieses tooootal praktische Teil gekauft" strahlt die sogenannte Besitzerin. „Für wenn's mal schnell gehen muss." Natürlich spricht sie nicht mit mir, sondern mit Hansis Besitzerin, deren Pferd ein paar Boxen weiter wohnt. Ich ahne Schlimmes und versuche, in die mitgebrachte Tüte zu linsen.

„Zeig mal her", interessiert sich Frau Hansi, die Western reitet und von der sogenannten Besitzerin glühend darum beneidet wird, dass ihr Pferd gehirntot gehorsemanshipped wurde und alles mit sich machen lässt. So brav! Und dieses Western-Zubehör sieht so wunderschön und cool aus! Aber egal, wir wollen jetzt wissen, was in der Tüte ist, die die Frau so geheimnisvoll mit sich herumschleppt.

„Eine Longierhilfe!" Die sogenannte Besitzerin holt ein Seil mit zwei Karabinerhaken heraus. „Das kommt so quer über den Rücken, dann führt man die Seile zwischen den Vorderbeinen durch und macht die Karabiner in die Trensenringe."

„Ich binde den Hansi immer direkt an den Zügeln aus. Die knote ich auch vorne runter zwischen den Vorderbeinen durch in den Sattelgurt", zeigt sich

Frau Hansi wenig beeindruckt.

Aber das tut ihm vielleicht weh, überlegt die sogenannte Besitzerin. Und so ganz eigentlich hat sie auch schon oft gesehen, dass der Hansi bei dieser Ausbindemethode im Trab rhythmisch rechts-links einen ordentlichen Ruck ins Maul kriegt.

„Das ist doch gut, da kann er ruhig noch weiter nachgeben", zeigt sich Frau Hansi unempathisch.

„Aber dann geht er doch komplett hinter dem Zügel?!"

„Hauptsache, er gibt nach und die Rübe ist unten", ist die Antwort. Ja dann.

Zum Glück hat sie selbst ja etwas viel Pferde-freundlicheres, nämlich besagte Longierhilfe. Die wird zwar auch in den Trensenringen eingeklipst, besteht aber aus sehr wenig Material, was bestimmt gut ist. Und schließlich hat sie so eine Longierhilfe schon an vielen Pferden gesehen, das ist also ganz normales und bewährtes Zubehör. Fröhlich macht sie sich ans Werk, mich mit dem Dingens zu verschnüren. Wie so oft bei uns ist die gute Laune sehr einseitig verteilt.

Bis zum Glück Frau Reitlehrerin auf der Stallgasse erscheint, deren geheime Superkraft es ist, überall dort aufzutauchen, wo etwas Spannendes passiert.

„Guck mal", zeigt die sogenannte Besitzerin stolz. „Eine Longierhilfe!"

„Das sehe ich." Frau Reitlehrerin guckt skeptisch und gibt zu bedenken, dass die Seilchen zwischen den Beinen scheuern können. „Außerdem produziert die Konstruktion bei jeder Bewegung der Vorderbeine einen Ruck im Pferdemaul."

Die anfängliche Begeisterung der Frau schwindet dahin wie Mash in meiner Futterschüssel.

Frau Reitlehrerin lächelt ein einfühlsames Reitlehrerinnenlächeln und erklärt: „Ein weiterer, gravierender Nachteil dieser ganzen Longierhilfsmittel ist die Tatsache, dass Pferdekopf und -hals in eine bestimmte Haltung gezwungen werden. Dein Pferd bekommt jedes Mal einen Ruck ins Maul, wenn es die vorgegebene Position verlässt. Wir möchten ja mit feinen Hilfen reiten, da macht es keinen Sinn, den Pfridolin im Maul abzustumpfen. Ganz abgesehen davon, dass das Schmerzen verursacht. Außerdem ist der Hals die Balancierstange des Pferdes, es benötigt ihn also, um sein Gleichgewicht zu finden. Wenn man ihm diese Möglichkeit nimmt und Kopf und Hals so fixiert, dass das Ausbalancieren nur unter Schmerzen möglich ist, ist das meiner Meinung nach unanständig. Außerdem – wie würdest du dich fühlen, wenn man dir beim Laufen den Kopf so festbindet, dass du ihn nicht bewegen kannst? Kein tolles Gefühl, oder?"

Die Frau schüttelt den Kopf.

Frau Reitlehrerin spricht weiter: „Zudem möchten wir ja, dass der Pfridolin und der Lutschi in Selbsthaltung laufen. Das erreichen wir nicht, indem wir sie verschnüren und ihren Kopf und Hals auf eine bestimmte Art festbinden."

„Nein?"

„Nein, das erreichen wir zum Beispiel durch Longieren am Kappzaum. Jedes Mal, wenn sich der Pfridolin damit nach unten abstreckt, lobst du ihn, damit er weiß, was du willst und sich entspannt. Und im weiteren Verlauf wirst du feststellen, dass der Pfridolin vermehrt untertritt, sich an den Kappzaum herandehnt und im Hals rundet. Und von da ist es nur noch ein kleiner Schritt zu Tempounterschieden, sprich: zulegen und abfangen, wo du dann feststellen wirst, dass sich dein Pferd beim Zurückführen des Tempos vermehrt aufnimmt und aufrichtet und wir von beginnender Versammlung sprechen können."

Versammlung! Sie hat Versammlung gesagt!, freut sich die sogenannte Besitzerin. Und wird schnell wieder auf den Boden der Tatsachen geholt, als sich Frau Reitlehrerin daran erinnert, dass sie mit der sogenannten Besitzerin verschiedentlich über das Longieren und die feine Kommunikation am Boden gesprochen hat. Da kann sie sich nur noch schwach dran erinnern, tut ihr furchtbar leid. Aber das Angebot für eine Stunde Longierunterricht nimmt sie doch gern an.

Um festzustellen, dass man dabei auch fürchterlich viel denken und die eigene Körpersprache in den Griff kriegen muss. Und das Schlimmste: Man muss selber laufen und kann das nicht von jemand anderem erledigen lassen. Dann doch lieber Reiten, entscheidet sie. Wobei ich in unserem Fall die

Bezeichnung Fleischtransport passender finde. Zum Glück empfiehlt Frau Reitlehrerin der Frau eine Online-Fortbildung mit ganz viel Turnen und noch mehr leichtem Sitz und das ist super, weil sie mich da weder im Maul noch im Rücken stören kann.[1] Aber irgendwann ist auch der schönste Kurs vorbei und der Alltag hat uns wieder.

[1]Nämlich den Masterkey von OsteoDressage (Werbung).

RAHMENWAS?

Die sogenannte Besitzerin und ich traben geschmeidig über den ersten Hufschlag, mit Tempo zurücknehmen an den kurzen Seiten und mit Tritte verlängern an den langen Seiten. Fast wie die Profis. Die Frau sitzt nämlich ganz aus Versehen locker, weil der Online-Kurs noch nachwirkt. Deshalb brauchen wir auch keinen Unterricht mehr, weil sie jetzt nämlich reiten kann. Also, denkt sie jedenfalls. Im Moment isses auch noch ganz fluffig, aber wir ahnen: bald lässt der Elan nach und die Erinnerung auch, ganz zu schweigen von der Motivation. Jetzt gerade schweben wir aber noch anmutig dahin, das wollte ich doch noch mal anmerken.

„Sehr schöne Rahmenerweiterung!", ruft Frau Reitlehrerin, die zwar gerade ihren Dieter reitet, aber dennoch gewohnheitsmäßig alles sieht.

„Danke!", antwortet die sogenannte Besitzerin, huldvoll lächelnd. Da fällt ihr noch was ein: „Was ist eigentlich dieser Rahmen? Und was dieses Rahmendingens, Erweitung oder wie das heißt?"

Gell, da wundert man sich? Erstmals haben wir den Fall, dass die Frau durch absolut korrekte Hilfengebung Tritte verlängern und verkürzen kann, aber nicht weiß, was sie da jetzt Tolles reitet. Seit sie von ihrem Piaffe-Fimmel genesen ist, sind die verbliebenen Gehirnzellen anscheinend implodiert. Aber was zum Teufel ist denn eigentlich dieser Rahmen, von dem alle sprechen? Fragen über Fragen.

Frau Reitlehrerin pariert ihren Dieter durch. Prima Idee. Ich stelle mich zutraulich daneben und sie erklärt: „Der Rahmen bezieht sich auf das Bild, dass das Pferd mit seiner Körperhaltung im seitlichen Profil abgibt. Da kann man gedanklich einen rechteckigen Kasten drum malen. Dieser Kasten beziehungsweise Rahmen kann kurz sein, fast in Richtung Quadrat, weil das Pferd stark versammelt ist oder eben erweitert, wie du das gerade beim Tritte verlängern gezeigt hast. Wie ein langes Rechteck. Diese Veränderung ist in erster Linie im Hals des Pferdes zu sehen. Und ganz wichtig: Die Nasenlinie muss vor der Senkrechten sein."

Aha. Die sogenannte Besitzerin nickt nachdenklich. So ein kleines Wort und so viel Inhalt. Krass.

Komisch, oder? Irgendwas ist mit der Frau passiert. In einem anderen Universum hätte sie schon mindestens drei Diskussionen vom Zaun gebrochen. Aber so ist auch ganz schön. Dieter und ich machen Pause und hören weiter Frau Reitlehrerin zu. Die ist nämlich noch nicht fertig: „Das Pferd tritt dahin, wo seine Nase hinzeigt. Wenn der Schub schön durch den ganzen Körper fließt, die Hand vorgeht und sich der Ganaschenwinkel öffnet, dann ist der Nasenrücken vor der Senkrechten und das Pferd kann taktrein traben und weit nach vorn fußen, so wie der Pfridolin gerade eben."

„Ganaschenwinkel?"

„Die Ganasche ist der Bereich am hinteren, oberen Unterkieferrand, am Übergang vom Pferdekopf zum Pferdehals. Wenn das Pferd die Nase nach vorn streckt, öffnet sich der Ganaschenwinkel."

„Oh. Ah. Verrückt, diese Ausdrücke."

Frau Reitlehrerin lächelt ein pädagogisches Lächeln und spricht weiter: „Ist der Nasenrücken hinter der Senkrechten – also im Profil gesehen – , dann beschreibt das Vorderbein in der Luft einen Bogen und wird wieder zurückgeführt, und zwar dahin, wo die Pferdenase hinzeigt. Das nennt man strampeln. Wie Pferde ihre Vorderbeine bewegen, hat mit dem Hals zu tun und dort mit dem Armkopfmuskel. Wie der Name schon sagt, verbindet er den Kopf mit dem Vorderbein. Wenn Pferde im Hals zu eng gemacht werden, können sie die Vorderbeine nicht mehr gut aus dem Armkopfmuskel heraus bewegen, sondern schmeißen das Vorderbein aus dem Ellenbogen heraus nach vorn, führen es dann wieder zurück und fußen dann erst auf. Das Pferd strampelt in der Luft und hat keinen Raumgriff. Mit anderen Worten: Das Pferd fußt dort auf, wo die Nase hinzeigt."

„Ja, die ist in dem Fall nämlich hinter der Senkrechten", kräht die sogenannte Besitzerin, die offensichtlich gerade vom Blitz der Erkenntnis getroffen wird.

„Ganz genau", lobt Frau Reitlehrerin. „Schon deshalb macht es Sinn, die Rahmenerweiterung zuzulassen und die Pferdenase vor die Senkrechte zu reiten."

„Ja klar, das ist ja sonst Energieverschwendung. Wie blöd", urteilt die Frau, die sich erstmals mit Anatomie und Bewegungslehre auseinandersetzt. Tut aber gar nicht weh, denn sie hört unaufgefordert weiter zu.

„Oft traben so gerittene Pferde auch nicht mehr taktrein," erklärt Frau Reitlehrerin gerade.

„Woran erkennt man das?"

„Daran, dass sich die Beine nicht synchron bewegen. Der Trab ist bekanntlich ein diagonaler Zweitakt, bei dem zum Beispiel das rechte Vorderbein und das linke Hinterbein gleichzeitig nach vorn geführt werden. Diese Bewegung muss synchron erfolgen. Das heißt, in der Seitenansicht müssen sich das rechte Vorderbein und das linke Hinterbein parallel bewegen. Das sieht aber eher unspektakulär aus. Oft will man im Sport Lampenaustreter sehen, wo die Pferde mit den Vorderbeinen strampeln und die Hinterhand nicht mitkommt. Die sich also unphysiologisch bewegen."

„Oh. Ah." Die sogenannte Besitzerin macht ein erkenntnisreiches Gesicht. Die Trabverstärkungen, die sie aus dem Internet kennt, sind demnach gar nicht toll, weil die Pferde strampeln. Vorn exaltierte Bewegung und wildes Strampeln, und die Hinterhand hängt eigentlich nur so dran und ist nicht der Motor des Ganzen. Verrückt.

„Dann mache ich vielleicht lieber so weiter wie bisher", überlegt sie laut.

„Ja bitte", antwortet Frau Reitlehrerin.

Dieter und ich gucken uns an. Anscheinend ist jetzt Schluss mit Rumstehen und Chillen. Aber wenn ich ganz ehrlich bin, macht mir dieses Zulegen und Abfangen schon auch Spaß. Ist mal was anderes als das dauernde Kringelreiten. Und ich weiß ja nicht, was für Drogen die sogenannte Besitzerin gerade nimmt, aber im Moment ist sie echt erträglich. Hoffentlich bleibt das so.

Wo die Frau jetzt so flauschig ist, ist mein Leben ziemlich cool. Also fast. Es könnte eigentlich noch viel cooler sein, wenn es nicht Frau Reitlehrerin gäbe. Ja, da staunt ihr, was? Genauso habe ich auch geguckt, als Frau Reitlehrerin ihr wahres Ich gezeigt hat.

„WEIL ICH'S KANN, DARUM!"

Meine heimliche Liebe zu Frau Reitlehrerin ist erkaltet. In Wirklichkeit ist sie eine fiese Spaßbremse. Wie konnte ich sie nur so verkennen? Aber der Reihe nach, es fing nämlich ganz harmlos an. Und zwar so:

„Guck mal, das sieht doch schön aus, oder?" Glücklich lächelnd arrangiert Hansis Besitzerin die letzten Heuhalme. Sie hat nämlich auf „selber misten" umgeswitcht, um Geld zu sparen. Und da der Stall eine Heu-Flatrate anbietet, hat sie Hansis Box kurzerhand mit Heu eingestreut. Zum einen ist der Weg zum Heulager nicht so weit wie der zum Strohlager, und Späne oder so was sind ihr schlicht zu teuer. „So kann der Hansi schön im Heu schlafen und im Liegen noch was knabbern."

Die sogenannte Besitzerin staunt. Die Box mit Heu einstreuen, darauf ist sie noch nicht gekommen. Und sie ist ja grundsätzlich für jede Schnapsidee zu haben. Und ich möchte das bitte auch. Der Hansi ist eh zu fett, aber ich bin ja noch voll im Muskelaufbau und ich will das. Jetzt.

Auffordernd bollere ich gegen die Boxentür. Einmal All you can eat, aber zack, zack! Keine Reaktion. Aber der Lutschi, was unser spanisches

Mähnenwunder ist und die orale Phase nie überwunden hat, hat auch Hunger und bollert von nebenan spontan mit.

„Hast du Hunger, du armer Schatz?", fragt die Frau, die meine Meinungsäußerung stoisch ignoriert, aber Wachs in den Hufen meines grenzdebilen Boxennachbarn ist, und stiefelt direkt los, um schubkarrenweise Heu zu holen. Denn, so ihr Gedanke, Frau Hansi hat gute Ideen und das Strohlager ist tatsächlich einfach zu weit weg. Warum in die Ferne schweifen, sieh, das Gute liegt so nah. Oder so ähnlich. Also auf ins Heulager und dort zuschlagen wie am Black Friday.

Viele, viele Schubkarrentouren später ist die Box vom Lutschi zum begehbaren Fresstempel mutiert. Meine zum Glück auch. Der Lutschi und ich können unser Glück nicht fassen und hauen erst mal ordentlich rein. Buffet, ne. Da muss man sich ranhalten. Wisst ihr ja selbst.

Tja, und dann nähert sich das Unheil in Form von Frau Reitlehrerin. Die hat ja diesen unheimlichen Sensor und kriegt sofort mit, wenn irgendwo was Spannendes passiert. Leider auch, wenn mal was Schönes geschieht und zwei ausgehungerte Pferde bis zu den Ohren im Heu stehen.

„Hast du die Boxen mit Heu eingestreut?", fragt sie und fängt erstmal ihre Kinnlade ein. Die ist ihr nämlich kurzfristig entgleist. Dann macht sie irgendwas innerliches, atmet tief durch und installiert ihr pädagogisches Lächeln.

Frau Hansi ist beizeiten nach Hause gefahren, die ist also raus aus der Nummer. Zurück bleibt die Frau, unsere sogenannte Besitzerin, die nicht ohne Größe erklärt, sie hätte ja eine Heu-Flatrate (seit gerade eben, um genau zu sein), und außerdem wäre der Weg ins Strohlager viel zu weit, tut ihr furchtbar leid. Und eben: „Weil ich's kann, darum!"

Frau Reitlehrerin macht wieder irgendwas Komisches mit ihrer Kinnlade, lächelt tapfer und erklärt, dass eine Heu-Flatrate gut und schön ist, aber dass Pferdefutter einfach zu schade ist, um damit Boxen einzustreuen.

„Aber es ist doch genug da", erwidert die sogenannte Besitzerin, die ihre schöne Idee nicht kampflos aufgeben will.

„Das möchte unser Stallbesitzer vielleicht noch verkaufen, wenn er zu viel davon hat."

„Wieso?", zeigt sich die Frau uneinsichtig. „Wir haben Flat, wir wollen Heu." (Gutes Frauchen! Weiter so!)

„Weil Heu doppelt so viel kostet wie Stroh, zum Beispiel. Weil ganz viele Stallbetreiber finanzielle Schwierigkeiten haben und deshalb mit der Pensionspferdehaltung aufhören."

„Wie – die hören auf? Einfach so?"

„Ja, einfach so. Die verkaufen oder verpachten ihre Ställe oder hören einfach mit den Pensionspferden auf und nutzen die freien Flächen als Lager oder für andere Tierarten."

„Und die Pferdebesitzer?"

„Die müssen sich dann natürlich neue Ställe suchen."

„Die sind dann bestimmt auch teurer", überlegt die sogenannte Besitzerin.

„Durchaus möglich. So ein Stallbesitzer muss ja auch genug zum Leben erwirtschaften und möglicherweise auch Rücklagen bilden, wenn mal was kaputt geht und repariert werden muss."

Hm, macht die sogenannte Besitzerin. Ich spüre es ganz deutlich, jetzt knickt sie ein. Und ich hatte sie gerade so lieb. „Murmel murmel Stroh", sagt sie.

„Du willst ab morgen wieder mit Stroh einstreuen?", rät Frau Reitlehrerin

„Murmel murmel genau."

„Das finde ich sehr verantwortungsbewusst", lobt Frau Reitlehrerin.

Und ich fühle mich murmel murmel ungeliebt und würde gern murmel ausziehen. Der Lutschi kann ja da wohnen bleiben, der ist eh zu dick. Aber mein zarter Körper braucht mehr Nahrung. Wo ich die feine Dame ständig rumschleppen muss. Das kostet ganz schön Kraft! Ich notiere: Nächste Woche Home Office, maximal Bodenarbeit. Kein, ich wiederhole, kein Reitunterricht. Weil ich's kann, darum.

Und dann ist es plötzlich Winter. Wenn man es ganz genau nimmt, ist eigentlich noch Herbst, aber die sogenannte Besitzerin hat sich vorsorglich auf minus zwanzig Grad eingestellt und den Lutschi und mich entsprechend eingedeckt. Wegen der großen Liebe und dem kleinen Gehirn.

„ABER ICH HAB SIE DOCH SO LIEB!"

Warm hier. Die Sonne scheint und ich habe eine dick gefütterte Decke an. Sicherheitshalber mit ebenfalls dick gefüttertem Halsteil, falls ein plötzlicher Blizzard unseren beschaulichen Hof heimsucht. Der Lutschi, was unser spanisches Mähnenwunder ist, trägt ein ähnliches Ensemble, komplett mit dick gefütterter Unterdecke. „Weil er es doch gern warm hat, der kleine Schatz", flötet die Frau. Ich habe schon mal versuchsweise angefangen, die Decke zu zerbeißen, die zeigt sich aber erstaunlich robust. Das spanische Mähnenwunder verfolgt eine andere Strategie und trinkt erstmal den Wasserbottich leer. Klar, bei den tropischen Temperaturen, die unter der Saunadecke herrschen, ist viel trinken wichtig.

Da kommt die sogenannte Besitzerin schon wieder. „Geht's euch gut?", säuselt sie. „Ich frier ja so schnell, das ist sehr unangenehm. Ihr seid ja zum Glück schön warm eingepackt."

Ja, wir sind jetzt im Saunaclub, denke ich mir und höre nicht weiter zu, weil ich mich erstmal im Matsch wälzen muss. Erfrischend! Wenn ich jetzt noch herausfinde, wie ich die Decke am schnellsten schrotten kann, ist der Tag gerettet.

Die sogenannte Besitzerin kriegt davon nichts mit, weil sie wieder mal nur Augen für den Lutschi und zudem die Arme voll hat. „Ich hab hier noch B#ck on Tr#ck Gamaschen und ein Dinkelspelzkissen, das macht wohlig warm. Hier, guck mal." Der Lutschi hofft auf Kekse und guckt neugierig. Sie hält ihm die Verpackung vor die Nase und liest vor. „Entspannung und Beruhigung für Nerven und Muskulatur. Entwickelt eine wohltuende Wirkung durch die Eigenwärme des Tieres. Ah, das muss also unter die Decke", schlussfolgert sie und macht sich daran, das Dingens unter die Unterdecke vom Lutschi einzubauen. Der hat mittlerweile eingesehen, dass hier essenstechnisch nix zu holen ist und guckt schläfrig.

„Gleich geht's dir besser, dann kannst du fein entspannen", flötet die Frau, die seinen komatösen Gesamtausdruck komplett fehlinterpretiert und als besonderen Temperamentsausbruch deutet. „So, jetzt bekommst du noch die B#ck on Tr#ck Gamaschen an, da hast du schon mal keine kalten Füße mehr."

In diesem Moment fällt ihr Blick auf mich und sie kreischt. Der Mann, durch den sirenenartigen Lärm alarmiert, eilt mit zwei dampfenden Futter-eimern herbei. „Hier, das Mash" sagt er und denkt sich: Scheint ein Notfall zu sein.

„Guck dir das mal an", gellt seine Liebste.

„Das" bin übrigens ich. Durch eine gleichmäßige Schlammkruste schön erfrischt, bin ich jetzt wieder bereit, in menschlichen Kontakt zu treten. Zutraulich lächle ich den Mann an und versuche, meine Nase in einen der mitgebrachten Mash-Eimer zu stecken. Boah, heiß.

Aber die Frau ist noch nicht fertig mit Schreien. „Aaaaaaaaaaah! Das macht der doch absichtlich!!!"

Das ist mal wieder typisch. Statt sich zu freuen, dass ich nicht zufällig und einfach so umfalle, sondern mich wohlüberlegt an einer geeigneten Stelle hinlege und koordiniert und sorgfältig wälze, fängt die feine Dame ein Riesenspektakel an.

Vom Lärm aufgeschreckt, erscheint zum Glück auch Frau Reitlehrerin und erfasst die Lage schnell. „Das Mash ist noch viel zu heiß, das muss erstmal abkühlen", ordnet sie an. Dann mustert sie mich und fasst mir unter die Decke. Schöne kühle Hände hat sie. „Die Decke ist viel zu warm", stellt sie fest. „Der Pfridolin ist knalleheiß darunter. Hast du noch eine dünnere Decke hier?"

„Ja, aber die hat keine drölfzigtausend, sondern nur hundert Gramm Füllung, da friert er", antwortet die Frau.

„Das glaube ich nicht", lächelt Frau Reitlehrerin.

Die sogenannte Besitzerin zieht skeptisch die Augenbrauen hoch. „Sicher? Aber ich hab sie doch so lieb. Wenn mir kalt ist, ist den Pferden doch auch kalt."

Frau Reitlehrerin lächelt einen Tacken pädagogischer und erklärt: „Pferde haben ein anderes Temperaturempfinden als wir Menschen.

Ihre Wohlfühltemperatur liegt zwischen fünf und fünfzehn Grad. Außerdem haben sie ein Fell und überhitzen schnell, wenn man sie zu warm eindeckt." Sie macht eine kurze Pause, damit sich die Information besser im Gehirn der Frau verteilen kann. Dann spricht sie weiter: „Wenn man Pferde zu dünn eindeckt, ist es aber auch nicht gut."

„Siehst du!", trumpft die Frau auf.

Frau Reitlehrerin lässt sich nicht beirren: „Bei nasskaltem Wetter reicht eine reine Regendecke zum Beispiel nicht aus, weil die Pferde darunter zu kalt werden und die Decke dann nicht mehr wasserdicht ist. Das hängt mit der Atmungsaktivität zusammen. Unter der Decke muss eine bestimmte Temperatur erreicht werden, damit die Decke die Körperfeuchtigkeit nach außen abgeben kann, aber andererseits keinen Regen nach innen durchlässt."

Physik, ne. Die sogenannte Besitzerin lauscht und staunt. Und fragt: „Bei Wärme und Nässe reicht eine ungefütterte Regendecke aber aus?"

„Das tut sie", bestätigt Frau Reitlehrerin. „Nur bei kälterem Wetter brauchst du eine gefütterte Regendecke. Wie dick das Futter ist, kommt aufs Pferd und auf die Außentemperatur an. Am einfachsten ist es, wenn du mit der Hand unter die Decke fühlst. Wenn es da wie beim Lutschi und beim Pfridolin kochendheiß ist, ist das Pferd definitiv zu dick eingedeckt. Zusätzliche Wärmekissen und wärmende Stallgamaschen kannst du dir sparen. Auf dem Paddock sowieso. Ansonsten würde ich die nur

nach Absprache mit dem Tierarzt oder Physiot-
herapeuten einsetzen, da durch Stallgamaschen zum
Beispiel der Lymphfluss gestört werden kann oder
die Beine darunter überhitzen können. Wärmekissen
dagegen können sehr angenehm fürs Pferd sein,
wenn zum Beispiel der Rücken kalt und verspannt
ist. Aber die beiden hier stehen auf dem Paddock, sie
haben Winterfell, es ist kalt, aber sonnig und da reicht
eine leicht gefütterte Decke vollkommen aus.
Eigentlich könnten sie auch nackt in der Sonne
stehen."

Mimimi, macht die Frau, deckt uns aus und zieht
beleidigt ab, um dünnere Decken zu suchen. Der
Mann ächzt hinterher, mit allerlei Decken und
wärmenden Accessoires beladen.

Aber die Mash-Eimer hat er uns dagelassen. Frau
Reitlehrerin hat die Temperatur genehmigt. Läuft bei
uns.

Und dann wintert es so vor sich und uns holt
reittechnisch der ganz normale Wahnsinn ein. Also
nicht nur den Lutschi und mich, nein, der gesamte
Stall hat einen Hallenkoller, der sich gewaschen hat.

BAHNREGELN – DIE ALTERNATIVE ZUM AXTMORD

Winterzeit ist Hallenzeit. Entweder es regnet, schneit, der Boden ist gefroren oder alles zusammen. Wer kennt es nicht: Lilly will freispringen, Anna longieren und Chrissie Bodenarbeit machen, und zwar gleichzeitig. Mirja möchte Reitkunst treiben. Fehlt nur noch die sogenannte Besitzerin, die mit Halsring reiten will, also in unserem Fall ohne Lenkung.

Als wir in die Halle kommen, ist schon ordentlich Stimmung. Lilly hat für ihre Coco an den langen Seiten zwei Sprünge aufgebaut, die sie vehement gegen Abbauversuche verteidigt. Anna will auf dem Mittelzirkel longieren, „weil da der Boden am besten ist". Und weil Anna und ihr Paulchen grundsätzlich keine Linie halten können, ist das möglicherweise nicht die schlechteste Idee. Hinzu kommt, dass Paulchen nicht nur beißt, sondern auch schon mal gern nach anderen Pferden tritt, weshalb momentan keiner der Anwesenden (und auch sonst niemand) Interesse an einer eventuellen Begegnung hat. Außer dem Lutschi vielleicht. Der ist erstens nicht ganz gescheit und liebt zweitens alle anderen Pferde, wobei die Liebe in den seltensten Fällen erwidert wird. Aber der Lutschi hat heute reitfrei und belegt mit dem Mann den Longierzirkel. Beide sind regendicht verpackt, haben schön ihre Ruhe und verpassen somit die Endausscheidung im Kampf um die Reithalle. Wobei Chrissie und ihre Mitsou dabei eigentlich nur Statisten sind, denn beide können miteinander kommunizieren und wollten nur „ein bisschen was Schönes" miteinander machen. Buh, langweilig. Außerdem können sie ihre Bodenarbeitsübungen praktisch an jedem Fleck der Erde machen, sogar in einer Ecke der vollen Reithalle. Wenn da nur nicht Coco wäre, die jetzt aber endlich freispringen soll, „da könnt ihr anderen doch gefälligst mal Rücksicht nehmen!"

Bevor es komplett eskaliert, erscheint Frau Reitlehrerin, deren geheime Superkraft es bekanntlich ist, überall dort aufzutauchen, wo es gerade spannend wird. Sie hört sich die hitzig vorgetragenen Argumente an, lächelt beruhigend und weist darauf hin, dass es für genau solche Fälle eine Lösung gibt. Und die heißt nicht etwa Axtmord, sondern „Bahnregeln".

Wie jetzt – Bahnregeln?

„Ah, linke Hand hat Vorfahrt und so", erinnert sich die sogenannte Besitzerin dunkel.

„Auch das", lächelt Frau Reitlehrerin. „Es sind aber auch viele andere Dinge darin geregelt."

„Wo stehen die denn, diese ominösen Bahnregeln?", begehrt Lilly auf, die nichts glaubt, was sie nicht schwarz auf weiß gelesen hat. „Und außerdem will ich jetzt freispringen lassen, ist das denn so schwer zu verstehen?"

Frau Reitlehrerin lächelt Lilly einfach nieder und erklärt: „Die Bahnregeln sind die Verkehrsregeln der Reiter. Genauso wie es im Straßenverkehr bestimmte Regeln gibt, die man einhalten muss, ist es auch beim Reiten. Das betrifft Dinge wie zum Beispiel, dass die Reiter, die auf der linken Hand reiten, den Hufschlag haben und dass Ganze Bahn Vorrang vor Hufschlag-figuren hat. Außerdem stellt jeder Stallbetreiber eigene Regeln auf, an die man sich halten muss. Und die stehen meist auf einem Zettel im Eingangsbereich oder gut sichtbar an der Bande. Hier zum Beispiel." Sie deutet auf einen Aushang, an dem die sogenannte Besitzerin und ich mindestens schon tausendmal vorbeigekommen sind und den wir deshalb geflissentlich ignorieren, weil oll und langweilig.

„Ach hiiiiier, auf dem ollen Zettel stehen die", erkennt nun auch die sogenannte Besitzerin, deren Gehirn sich zwischenzeitlich abgeschaltet hatte. „Da steht ganz viel von gegenseitiger Rücksichtnahme…" sie wirft einen argwöhnischen Blick in die Runde „…. und von Absprachen. Und …ah, hier: *Das Longieren von Pferden in der Bahn ist nur mit Einverständnis aller anwesenden Reiter erlaubt. Bei mehr als drei Pferden und während Reitunterricht stattfindet, sollte nicht longiert werden.*"

Lange Gesichter ringsum. Bis auf Frau Reit-lehrerin, aber die ist ja immer gut gelaunt.

Es wird kurz durchgezählt und festgestellt: Wir

sind fünf. Longieren fällt also schon mal flach. Freispringen dann ja wohl erst recht. Lilly und Coco verlassen mürrisch die Halle. „Freispringen ist soooo wichtig für die Coco", muffelt Lilly.

„Du kannst doch auf dem Reitplatz freispringen lassen, der Boden ist griffig und nicht gefroren", schlägt Frau Reitlehrerin vor.

„Dann werd ich doch nass", erwidert eine massiv schlechtgelaunte Lilly.

Frau Reitlehrerin lächelt herzlos und empfiehlt: „Zieh dir eine Regenjacke an und der Coco eine ungefütterte Regendecke, dann sollte das gehen."

Cavalettihöhe ist damit durchaus machbar, und höher baut sie eh nicht auf, weil es Lilly glücklicherweise nur um Ausgleichsgymnastik für Coco geht und nicht darum, irgendwelche Rekorde aufzustellen. Lilly murmelt irgendwas von „Regenmantel suchen" und „alle doof", macht aber insgesamt einen entspannteren Eindruck als noch vor fünf Sekunden, als sie allen gleichzeitig an die Gurgel gehen wollten. Läuft bei Frau Reitlehrerin, würde ich sagen.

Die Verbleibenden gucken sich an: Jetzt sind wir nur noch vier. Immer noch einer zu viel. Anna ist zum Glück flexibel und switcht mit Paulchen ebenfalls um auf Bodenarbeit statt Longe. Mit sicherem Abstand zu den anderen, worüber die sich sehr freuen.

„Und vielleicht macht das dem Paulchen mehr

Spaß als longiert zu werden", sinniert Frau Reitlehrerin. „Für eure Beziehung ist es ein tolles Projekt, herauszufinden, was dem Paul gefällt und was nicht. Natürlich muss abgeklärt werden, ob hinter seiner dauerhaft schlechten Laune ein gesundheitliches Problem steckt. Wenn es aber einfach nur ein Motivationstief ist, was wir alle hoffen, kannst du jetzt im Winter herausfinden, wie man ihm wieder Spaß an der gemeinsamen Aktivität vermitteln kann." Und außerdem hat sie natürlich noch Ideen, wie man den beiden helfen kann. Anna nickt und startet in die Beziehungsarbeit.

Es bleiben übrig: Mirja, die Reitkünstlerin, die sich mit rechts und links auskennt und lenken kann und die sogenannte Besitzerin mit weder noch. Ich hätte auch gern frei oder lustige Beziehungsarbeit. Oder zumindest Autopilot, wo die sogenannte Besitzerin Beifahrerin ist, aber Pech gehabt: Frau Reitlehrerin empfiehlt, mir die Trense für das Halsring-Experiment nicht auszuziehen, so dass meine tollkühne Reiterin im Notfall mittels Trense durchparieren oder lenken kann. „Aber nur im Notfall! Wir wollen ja weg vom Zügel und hin zum handunabhängigen Reiten!", schärft ihr Frau Reitlehrerin ein und lässt sich nochmal die Sitzhilfen aufzählen, mit denen die sogenannte Besitzerin mich durch die Halle manövrieren soll. Als das zu ihrer und meiner Überraschung fehlerfrei klappt, lobt sie meine Reiterin und entlässt uns ins Abenteuer Halsringreiten.

Und siehe da, bisher ist keiner gestorben, keiner hat den anderen verletzt, alle leben noch und mehrere haben sogar gute Laune. Was so ein oller Zettel mit komischen Regeln drauf doch ausmacht, oder? Wo ich doch kein Blut sehen kann.

Im Winter kommt man sich ja in allem näher, manchmal näher, als man eigentlich möchte. Weil halt einfach der Platz fehlt, um sich weiträumig aus dem Weg zu gehen. Wenn es regnet, schneit und noch dazu dunkel ist, spielt sich das Leben zwangsläufig in der Reithalle und der Stallgasse ab. In der Halle waren wir schon, kommen wir nun zur Stallgasse, wo gerade Hundebesuch ist.

BELLO UND FIFFI IM STALL

„Ohhhhhh wie süß!", jauchzt die Frau, meine sogenannte Besitzerin, und stürzt sich auf den Hund von Esmeraldas Besitzerin. Esmeralda wohnt schräg gegenüber und ihre Besitzerin hat einen Hund der Rasse *Flauschi-Wauschi-bist-du-aber-putzig*. „Wie heißt er denn? Ja wie heißt er denn, der süße Flauschi-Wauschi?"

„Fiffi", teilt Frau Esmeralda mit.

„Ja wo isser denn, der süße Fiffi? Ja wo isser denn nur?" Fiffi ist außer Rand und Band und hüpft ekstatisch um die sogenannte Besitzerin herum, die so viel Begeisterung in ihrer Nähe gar nicht gewohnt ist und gern darauf eingeht. Fiffi hat nämlich ein Spielzeug gefunden, das in einem früheren Leben, vor gar nicht langer Zeit eigentlich, ein Lammfellpolster fürs Halfter war. Das Halfter hängt auch noch dran. Das Lammfell sieht gar nicht mehr schön aus, aber dafür kann man mit dem Halfter prima Zieh- und Zergelspiele machen. Frau und Fiffi toben durch die Box vom Lutschi, der gerade zusammen mit dem Mann Freiarbeit treibt. Auf eine sehr entspannte Art, die viel mit Wälzen und Leckerli essen zu tun hat, wie ich neidisch feststelle. Mein

Bodenpersonal hat leider keine Zeit für mich, weil es sich mit Hund und Spielzeug im Stroh wälzt. Bis die Frau eine kleine Überraschung findet, die Fiffi dort vorbereitet hat. „Da ist ja ein Hundehaufen!!! Und ins Heu pinkelt er auch!", stellt sie anklagend fest.

„Ich hatte keine Lust, vorher mit ihm Gassi zu gehen", reagiert Frau Esmeralda entspannt. „Das kann er ja alles hier erledigen."

„Aber doch nicht in meiner Box!", zürnt die Frau und ist vorübergehend beleidigt. Vor allem, weil sie die Hunde-Hinterlassenschaften selbst entsorgen darf. Frau Esmeralda ist nämlich anderweitig beschäftigt und hat dafür leider keine Zeit. Und zack, schlechte Laune.

Bis der nächste süße Wauzi vorbeikommt und sie freudig begrüßt. „Der ist ja noch jung, gell", stellt sie fest und schmilzt erneut dahin. Bello ist aber auch zu putzig. „Und was für niedliche Schlappohren er hat!"

„Wo ist eigentlich mein neues Halfter?", fragt Bellos Besitzerin, die im Nebenjob auch ein Pferd hat. Den Carlo nämlich, der zu Weihnachten ein neues Halfter bekommen hat, mit Lammfellpolster. Zufälle gibt's.

„Keine Ahnung", lügt die Frau. Im Hintergrund verbuddelt Fiffi das Halfter, mit dem er gerade noch so schön gespielt hat, im Heulager. Was die Frau aber nicht mitbekommt, weil sie gerade mit dem süßen kleinen Bello beschäftigt ist. „Ja wo ist denn der brave Bello? Ja so ein braver!"

Bello ist mittlerweile komplett über die Uhr und rennt in lustigen Kreisen um die Frau herum. Die jauchzt und die Kreise werden immer größer, bis Bello schlussendlich über das Wallachpaddock kurvt. Er wird doch nicht? Oh doch, er wird. Bello tobt ekstatisch zwischen den Pferden herum. Der ein oder andere kann das nervlich nicht so gut vertragen und flüchtet, was Bello mit noch mehr Gerenne und einem plötzlich aktivierten Jagdtrieb quittiert. Sowie einem erneuten Wechsel der Örtlichkeit. Jetzt flitzt er über den Reitplatz, wo gerade keiner ist. Also, fast keiner. Außer dem spanischen Mähnenwunder und dem Mann. Der Lutschi, sonst die Ruhe selbst, kriegt spontan hektische Flecken und rennt um sein Leben.

Jetzt bekommt auch unsere sogenannte Besitzerin Blutdruck. „Bello, Bello", ruft sie. Keine Reaktion. „Du musst den Bello da wegholen, der jagt den Lutschi", befiehlt sie Bellos Frauchen.

Die zieht sich den Schuh nicht an. „Das würde der Bello nie machen, der ist gut erzogen", behauptet sie.

„Aber er macht das. Jetzt gerade. Guck doch!"

„Kann gar nicht sein", und damit ist aus Sicht von Bellos Frauchen alles gesagt. Aus der Sicht der Frau auch. Durch ein spontanes gemeinschaftliches Manöver von Mann und Frau können sie den wildgewordenen Bello stellen und am gottseidank vorhandenen Halsband zu seinem Frauchen zerren, das ihn verständnislos anguckt und an die Leine nimmt. „Das hat er ja noch nie gemacht", ist ihr Kommentar dazu.

„Einmal ist immer das erste Mal", erwidert die Frau und fragt, ob sie bitteschön zukünftig darauf achtet, dass ihr Bello keine Alleingänge macht?

„Aber dafür hab ich keine Zeit, ich bin doch zum Reiten hier. Und der Hund kann so lange machen, was er will, wir verbringen hier ja unsere Freizeit", meint Bellos Frauchen treuherzig

„Wir auch und wir möchten das bitte heil überstehen", erwidert die Frau, die sich in den letzten fünf Minuten zum spießigen Vernunft-Schlumpf verwandelt hat. Widerwillig lässt sich Frau Bello darauf ein, mit Bello vor der Stall-Freizeit erstmal eine Runde Gassi zu gehen, damit der größte Bewegungsdrang gestillt ist. „Und weil der Stall auch kein Hundeklo ist, wäre es schön, wenn Bello und Fiffi das woanders erledigen beziehungsweise wenn die Hinterlassenschaften beseitigt werden", ergänzt der Vernunft-Schlumpf mit strengem Blick.

„Olle Spaßbremse", murmelt Frau Bello.

„Vernunft-Schlumpf", murmelt der Mann. Ist aber auch mal ganz angenehm. Und wir kennen sie, spätestens in einer halben Stunde ist die sogenannte Besitzerin wieder die Alte.

Zum Glück ist bald wieder Reitstunde, wo wir unter Frau Reitlehrerins Aufsicht unsere Runden drehen und wo die Frau körperliche und geistige Grenzerfahrungen macht.

„ES HAT OHREN?!"

„Versuch mal, den Pfridolin an der offenen Zirkelseite außen mehr zu begrenzen", ruft Frau Reitlehrerin.

Die sogenannte Besitzerin, und ich sind nämlich gerade auf unseren legendär eckigen Zirkelrunden unterwegs und Frau Reitlehrerin hätte gern, dass der Zirkel eben, nun ja, runder wird. Solang wir uns an der Bande entlang hangeln, fällt es nicht so auf, aber wenn es dann Richtung offene Zirkelseite geht, bauen wir vor X schon stark ab und ab X lassen wir nochmal deutlich nach, so dass es immer spannend ist, ob wir die Kurve noch kriegen oder in die andere Hallenhälfte taumeln.

Leben am Limit. Weil nämlich die sogenannte Besitzerin herausgefunden hat, dass sie den Kopf drehen kann und seitdem den Hals verrenkt wie eine Eule. Während der restliche Körper orientierungslos herumschlackert, und an der offenen Zirkelseite fällt das halt besonders auf.

„Du verdrehst dich", diagnostiziert Frau Reitlehrerin denn auch. „Dein Kopf und Hals drehen sich mehr in die Wendung als dein restlicher Körper. Wenn du ein Pferd wärst, wärst du überstellt. Deshalb kannst du auch keine korrekte Sitzhilfe für das Reiten in der Wendung geben."

„Ich will auch keine Wendung reiten, sondern Zirkel", japst die sogenannte Besitzerin, die beim Reiten zwar konsequent das Atmen vergisst, aber im Notfall immer noch genug Sauerstoffreserve zum Diskutieren hat. „Und außerdem soll ich dahin gucken, wo ich hin reiten will und aufrecht sitzen und wasweißichnichtalles gleichzeitig tun."

„Genau", lächelt Frau Reitlehrerin beruhigend. „Du trägst den Kopf schön frei und siehst dahin, wohin du reiten willst. Wenn du geradeaus reitest, schaust du zwischen den Ohren deines Pferdes hindurch. Und bei einer Wendung wie zum Beispiel dem Zirkel, wo du ja permanent auf einer gebogenen Linie bist, schaust du …"

„Nach innen", kräht die sogenannte Besitzerin.

„Da willst du ja nicht hinreiten. Du willst ja auf der Zirkellinie bleiben. Deshalb siehst du auf das äußere Ohr deines Pferdes und stellst dir dabei genau die Linie vor, die du reiten willst."

Von dieser neuen Anweisung aus dem Konzept gebracht, staunt die sogenannte Besitzerin: „Es hat Ohren?!" und starrt auf meinen Hals.

„Ja, es hat Ohren. Und nein, du sollst nicht auf den Hals gucken, sondern zwischen den Ohren hindurch. Oder eben aufs äußere Ohr. Probier das doch mal aus."

Die Frau probiert und schaut. „Das hab ich ja noch nie gemacht," fällt ihr auf. Der Zirkel wird allerdings jetzt schon deutlich runder.

Frau Reitlehrerin lächelt nur. „Dadurch, dass du jetzt das äußere Ohr vom Pfridolin im Blick hast, bleibst du erstens in deiner Körperachse gerader und entwickelst zweitens außen mehr Körperspannung, denn du fokussierst dich auf die äußere Körperhälfte vom Pfridolin und darauf, welchen Weg sie gehen soll. Du kannst dir bildlich ganz genau vorstellen, auf welcher Linie der Pfridolin sich fortbewegen soll und dass du ihn da begrenzt. Einfach nur durch deine Energie."

„Einfach", schnauft die Frau. „Selten so gelacht. Ha."

„Manchmal kann es auch einfach sein", lächelt Frau Reitlehrerin fein.

Und dann spontane Planänderung. Wenn irgendwas nicht klappt, beginnt die sogenannte Besitzerin, wir kennen sie, ein neues Leben. Jetzt ist sie nicht mehr Dressur-Queen, sondern fast Springreiterin.

FAST SPRINGREITEN

Wir machen jetzt Springreiten. Also, fast. Es hat jedenfalls mit Stangen zu tun, die im Weg rumliegen. Die Frau, meine sogenannte Besitzerin, ist ja amtlich anerkanntes Naturtalent in allem, und jetzt bildet sie sich ein, eine zweite Ingrid Klimke zu sein, furchtlos und verwegen. Und da gehört nun mal Springen dazu. Oder Cavaletti. Oder wenigstens Stangen auf dem Boden. Der Mann, der uns vor einiger Zeit zugelaufen und komischerweise immer noch da ist, muss ihr dabei assistieren und verstreut weisungsgemäß Sprungstangen auf dem Boden. Schnell stellt sich heraus, was man dabei alles falsch machen kann. Nämlich alles.

Zum Glück kommt gerade Frau Reitlehrerin vorbei. Und da bin ich auch ganz froh, dass ich mir nicht allein mit der Verrückten und ihrem Gehilfen den Hals brechen muss, über unpassend hingelegten Stangen, die mir unaufgefordert durch die Beine kullern.

Als erstes beglückwünscht sie meine durchge-knallte Reiterin zu ihrer Motivation und ihrem Lernwillen. Wusste die zwar noch nix von, aber lässt sie sich gern gefallen. Lob ist ja immer gut. Als nächstes erklärt sie, dass man Stangen passend hinlegen muss, und zwar je nach Gangart und je nachdem, was man damit erreichen will. Ich spüre förmlich, wie das Gesicht meiner Reiterin immer länger wird. Man muss sich Gedanken machen? Das ist ja nicht unbedingt ihre Kernkompetenz. „Ich möchte eigentlich nur, dass der Pfridolin die Beine mehr hebt. Und dass wir mal was anderes machen als sonst", erklärt sie.

Frau Reitlehrerin findet das eine gute Idee und erklärt gutgelaunt: „Für den Anfang nehmen wir am besten Dualgassen oder Softstangen. Runde Holzstangen musst du gegen Fortrollen sichern, sonst sind Sehnenschäden und andere Verletzungen vorprogrammiert. Bei den Dualgassen oder Softstangen muss man dagegen häufiger nachjustieren, weil die Pferde sie häufig nicht ernst nehmen und öfter dagegentreten. Aber dafür ist die Verletzungsgefahr nicht so groß."

„Und man kann sie besser aufräumen, weil sie leichter sind", fällt dem Mann auf.

„Aber erstmal legen wir sie hin, und zwar auf einen Zirkel. Je eine bei den beiden Zirkelpunkten und eine bei X. Du kannst dich dabei schön auf eure Linie konzentrieren. Versuch, die Stangen jeweils in der Mitte zu treffen."

„Oh, ah, spannend", meint die sogenannte Besitzerin. Aber Frau Reitlehrerin ist noch nicht fertig: „Da könnt ihr schon mal im Schritt herausfinden, wie viele Schritte ihr von einer Stange bis nur nächsten braucht."

Ich liebe Herausforderungen. Und wetten, ich kann besser zählen als meine Reiterin? Die Frau ist jedenfalls erstmal beschäftigt und stört mich nicht, so dass ich ganz entspannt und passend über die Stangen komme.

Frau Reitlehrerin ist begeistert und lässt uns antraben. Jetzt ist das mit dem Zielen und Zählen nicht mehr so einfach, aber glücklicherweise ist der Körper der Frau schlauer als der Rest von ihr und kümmert sich um die Steuerung, während sie sich dauernd verzählt. „Fünf, sechs, acht", zählt sie laut. „Nein, sieben. Mist. Nochmal. Fünf, sechs, dingens!". Und wieder von vorn. Und auf der Zirkelhälfte ohne Stangen kann man schön Schwung holen.

Das macht Spaß und Frau Reitlehrerin muss uns bremsen und eine Pause verordnen, während sie sich von der Frau deren Beobachtungen schildern lässt. „Ganz große, schwungvolle Tritte macht der Pfridolin, total toll!"

„Und wie klappt es mit dem Zählen?"

„Das ist schwierig", räumt die Frau ein.

„Weil das Gehirn ein wunderlicher Körperteil ist", tröstet Frau Reitlehrerin. „Nächstes Mal versuchst du, die Trabtritte zwischen den Stangen zu verkürzen und zu verlängern, so dass ihr mal mehr, mal weniger Tritte macht."

„Ein interessantes Projekt", findet die sogenannte Besitzerin und ich schätze mal, dass uns das Projekt

„Zählen" noch längere Zeit beschäftigen wird. Ich sage nur fünf, sechs, dingens.

Aber eigentlich ist klar: Wenn was nicht klappt, ist irgendwer daran schuld. Und das ist niiiieeee die Frau, sondern immer jemand anders. Es kann gar nicht anders sein.

IST ALLES DER LUTSCHI SCHULD

Der Lutschi, was unser spanisches Mähnenwunder ist und mit vollem Namen Lucero heißt, hat sich letztens danebenbenommen und seitdem ist er alles schuld. Alles. Sonst war es ja immer meine Schuld, wenn was nicht klappt – reiten, ausmisten, longieren, sucht es euch aus. Oder die vom Mann, weil der falsch geguckt hat, falsch gefilmt oder einfach zur falschen Zeit am falschen Ort war. Während das spanische Mähnenwunder süß geguckt hat und der kleine Goldschatz war. Tja, die Zeiten haben sich geändert. Gestern noch Seelenpferd, heute böööööser Lutschi. Herrlich. Ich feiere das.

Es fing an mit „Böser Lutschi, lass sofort meinen Jackenärmel los!" Da hatte er wohl akuten Hunger oder akuten Übermut oder möglicherweise beides. Fand die sogenannte Besitzerin aber so semi, dass der kleine Goldschatz seine Zähne in ihrem Jackenärmel vergraben hat. Vor allem, als die Jacke dann *von ganz allein*, sagt der Lutschi, kaputtgegangen ist. Da war vielleicht was los.

Ab da hat die sogenannte Besitzerin den Lutschi argwöhnisch beäugt. So in etwa: „Böser Lutschi, friss nicht den Anbindestrick!" Und wo der Knoten endlich auf und der Lutschi frei ist: „Böser Lutschi, bleib sofort stehen!" Da dem spanischen Mähnenwunder mehrere Stimmkommandos anerzogen wurden, von denen keines „Böser Lutschi" oder „Bleib sofort stehen" heißt, war das Ergebnis von vornherein fraglich. Nun wird der Lutschi ja nicht von übermäßigem Bewegungsdrang geplagt und kann von daher leicht im Heulager eingefangen und verhaftet werden. Und wenn er den Mund gerade voll hat, frisst er auch keine Jacken. Weiter geht's mit satteln, auftrensen und „Böser Lutschi, hör sofort auf, den Zügel zu fressen!" Da war der Mund nämlich schon wieder leer.

Ab da kann eigentlich passieren, was will – ist alles der Lutschi schuld.

Autoschlüssel verschlampt – ist der Lutschi schuld.

Handy fällt runter – ist der Lutschi schuld.

Der Mann tritt der Frau auf den Fuß – ist der Lutschi schuld.

Die neue Schabracke fällt in den Dreck – ist der Lutschi schuld.

Die Tür zur Futterkammer steht verbotswidrig offen und der Lutschi darin – ist der Lutschi schuld. ~~Nie im Leben würde die sogenannte Besitzerin vergessen, diese wichtige Tür zu schließen. Sie doch nicht.~~

Esmeralda haut vom Paddock ab – ist der Lutschi schuld.

Graf Werner hustet – ist der Lutschi schuld.

Pretty Barbie, die fünf Paddocks daneben steht, lahmt – ist der Lutschi schuld. „Weil der hier alle verrückt macht", und das mit seinem eingebauten Schlafzimmerblick und dem Temperament einer Schildkröte. Auch dann, wenn er zur Tatzeit auf dem Mond war.

Also alles toll. Der Mann und ich sind beide Herzenspferd und Seelengefährte (ich etwas mehr als er) und der Lutschi ist in Ungnade. Und wenn am anderen Ende der Welt ein Sack Pferdefutter umkippt, ist es garantiert auch der Lutschi schuld. Wobei – wenn's um Futter geht, traue ich ihm alles zu.

Wegen mir kann das so bleiben. Wobei wir ja um die Meinungsflexibilität der sogenannten Besitzerin wissen. In einer halben Stunde kann es schon wieder ganz anders sein. Bis dahin gehen der Mann und ich grasen und machen uns einen schönen Tag.

Wobei ich ja auch Kekse wirklich sehr mag. Nur nicht die selbstgebackenen von der Frau, die kann sie gern an den Mann verfüttern. Nein, ich meine gekaufte. Ich weiß auch immer, wo die sind. Obwohl die offiziell gar nicht existieren. Jedenfalls, wenn man der konfusen Argumentation der sogenannten Besitzerin folgt.

SCHRÖDINGERS KEKS

Kennt ihr das, wenn etwas da ist, aber andererseits auch nicht? Wie zum Beispiel die Pferdeleckerli in der rechten Jackentasche. Also nicht von mir, ich bin ja hier nur das Pferd und man sagt mir nach, ich würde lästern. Nein, gemeint ist natürlich die rechte Jackentasche der Frau, meiner sogenannten Besitzerin. Wenn die ausnahmsweise mal nicht auf mir rumsitzt, sondern mich zum Beispiel führt, tut sie das auf der linken Seite, weil das anscheinend so üblich ist. Ich kann also problemlos den Kopf in ihre rechte Jackentasche stecken oder es zumindest versuchen. Unternehmungslustigere Pferde wie zum Beispiel der Lutschi, was unser spanisches Mähnenwunder ist, fressen gleich die ganze Jacke mit. Gibt aber Ärger, weil: offiziell sind gar keine Kekse da. Schrödingers Keks, quasi.

Andere Dinge, die potentiell da sind, real aber nicht: der Autoschlüssel. Der wird regelmäßig gut in der Futtertonne verwahrt, was ein ausgesprochen sicherer Aufbewahrungsort ist. Noch nicht einmal die sogenannte Besitzerin findet ihn dort wieder. Beziehungsweise erst dann, wenn der zu Hilfe gerufene Mann vom ADAC das Auto aufmachen will.

Dann wäre da noch das Gehirn vom Lutschi, der seine beiden Gehirnzellen ausschließlich fürs Mähnenwachstum nutzt. Möglicherweise existiert eine vollständig funktionsfähige Version in einem weit entfernten Paralleluniversum. Und natürlich Hufkratzer, der zweite Handschuh – ihr wisst, was ich meine.

Das Problem bei Schrödingers Keks ist, dass ich ihn in einer blitzschnellen, schlangenartigen Bewegung erwischen kann, wenn die Frau die Spendierhose anhat. Beim Clickern zum Beispiel. Das Problem hab dann auch nicht ich – ich hab ja den Keks – sondern die sogenannte Besitzerin. Und zwar befürchtet die immer, ich würde ihr den Arm abreißen. Oder zumindest die Finger. Da kann ich sie beruhigen, ich lebe in der Regel vegan. Anders als der Lutschi, der bekennender Allesfresser ist und zurzeit in Ungnade.

Clickern ist übrigens mega, ich beziehe dreiviertel meines Energiebedarfs darüber. Womit Frau Reitlehrerin leider nicht einverstanden ist, die guckt mich immer stirnrunzelnd an und schlägt eine wesentlich kalorienarme Belohnung vor. Was sie außerdem sehr stark stirnrunzelnd empfiehlt: Höflichkeitserziehung.

„Wie soll das denn bitteschön gehen", fragt die sogenannte Besitzerin genervt.

„Ganz einfach: Beim Clicker-Training belohnst du ein bestimmtes Verhalten."

„Weiß ich", knurrt die sogenannte Besitzerin. ~~Wir~~

~~hatten aber auch schon mal bessere Laune.~~

Frau Reitlehrerin lächelt und spricht ungerührt weiter: „Du möchtest zum Beispiel gern, dass der Pfridolin gerade auf allen vier Hufen steht und den Kopf entspannt mittig trägt. Nimmt er diese Position ein, wird geclickt und das kalorienarme Leckerli gefüttert. Und zwar nur in dieser Kopfposition, du musst also zur Not noch einen Schritt auf ihn zu machen. Er soll nicht von sich aus Kopf und Hals nach dem Leckerli verrenken, sondern gerade nach vorn gucken und so sein Leckerli essen. Wenn du das konsequent so beibehältst, hört das lästige Betteln und Jacke untersuchen auf, weil er weiß, dass es sich nicht lohnt. Belohnt wird nur, wenn er neutral und höflich bleibt. Wobei du natürlich auch darauf achtest, dass du selbst neutral und höflich bist. Höflichkeit ist keine Einbahnstraße."

„Aha", muffelt die Frau.

„Neutral und höflich", erinnert Frau Reitlehrerin.

„Jaha", sagt die sogenannte Besitzerin und ringt sich ein Lächeln ab. Und siehe da, gleich ist schöne Stimmung, mit Aussicht auf Kekse.

Aber da war noch was – richtig, das Projekt Stangen-arbeit beziehungsweise Fast-Springreiten. Da lechzt die Frau nach Nervenkitzel und neuem Input.

„UND WAS KANN MAN NOCH ALLES MIT STANGEN MACHEN?"

„Und was kann man noch alles mit Stangen machen?", erkundigt sich die sogenannte Besitzerin. Die hat ja gerade wieder so Anfälle von Mut und Abenteuerlust. Ich finde das gut, frage mich aber, wieviel sie von den Beruhigungskräutern in der Futterkammer genascht hat. Ob das wohl bleibende Schäden hinterlässt? Stay tuned, ich werde berichten. Aber zurück zu den Stangen. Frau Reitlehrerin strahlt. „Oh, vieles! Du kannst sie dir passend für alle Gangarten hinlegen und da die Bewegungsqualität verbessern. Stangenarbeit hilft beim Muskelaufbau und verbessert die Koordination. Und vor allem bringt sie Spaß und Abwechslung!"

Das hört sich interessant an. Zutraulich rücken die Frau und ich näher an Frau Reitlehrerin heran, die in der Zirkelmitte steht. Wir jetzt auch, weil meine Reiterin nicht gleichzeitig reiten und zuhören kann. Das hat mir schon zu sehr vielen schönen Pausen in der Nähe von Frau Reitlehrerin verholfen. Die erklärt gerade: „Wenn du mehrere Stangen hintereinanderlegst, müssen die Stangen je nach Gangart passende Abstände haben. Für den Schritt sind es bei einem Warmblut zirka 80 bis 90 Zentimeter, für Trab 1,20 bis 1,40 Meter und für den Galopp drei bis 3,50 Meter. Wobei es natürlich auf das jeweilige Pferd oder Pony ankommt und man die Abstände auch schon mal anpassen muss, weil Ponys nicht dieselbe Schrittlänge wie Großpferde haben. Zum Beispiel. Ich würde erst mit einer Stange anfangen und dann schauen, wie es mit einer zusätzlichen Stange klappt. Wenn zwei Stangen kein Problem sind, kannst du auch drei nehmen."

„Da muss man ja messen…. und aufpassen… wie doof." Die Frau macht ein langes Gesicht.

„Ein grober Anhaltspunkt ist die Länge deines Fußes, das sind bei mir fünfundzwanzig Zentimeter. Vier Fußlängen sind dann ein Meter."

Die Frau erinnert sich, dass Frau Reitlehrerin immer so komisch die Füße hintereinandersetzt, wenn sie uns Stangen hinlegt. Jetzt weiß sie auch, warum. Frau Reitlehrerin spricht weiter: „Daran kannst du dich orientieren und dann nachjustieren, bis die Abstände passen. Oder du hast jemanden mit einem Maßband, der dir hilft. Oooooder…" Frau Reitlehrerin macht eine Pause. Ihre Augen glitzern.

„Ja?", giert die Frau.

„Oder du legst aus vier Stangen ein Quadrat. Und zwar am besten in die Bahnmitte, da hast du reiterlich die meisten Möglichkeiten. Die Abstände passen für alle Gangarten." Spricht es und baut uns ein Stangenquadrat auf. „Da habt ihr jetzt viele Möglichkeiten. Erst zeigst du dem Pfridolin das

Stangenquadrat im Schritt, dann könnt ihr im Trab in gerader Linie über die Stangen gehen, gerne auch mit einem Handwechsel kombiniert. Wenn das gut gelingt, nimmst du den Galopp dazu."

Uiuiui. Galopp. Die Frau guckt komisch.

„Und in der nächsten Stunde kombinieren wir gerade Linien und Wendungen, das nennt sich dann Kleeblatt", spricht Frau Reitlehrerin weiter.

Oh. Ah. Die sogenannte Besitzerin hat jetzt schon Knoten im Kopf. Frau Reitlehrerin lächelt verständnisvoll und schraubt die Anforderungen herunter: „Einfach geradeaus im Schritt darüber, ich sage euch den Weg an."

Und mit Reitlehrer-Navi ist es doch auch viel schöner und einfacher. Merke: Wenn's irgendwo hakt, immer als erstes die Losgelassenheit wieder herstellen.

Mit der Losgelassenheit hat es die sogenannte Besitzerin ja nicht so. Weder beim Reiten noch bei sich persönlich. Weil gelassen ist sie ja schon mal gar nicht, und sowas wie Entspannung ist für sie eigentlich auch ein Fremdwort. Krampf oder Koma, dazwischen kennt sie nix. Genauso ist es auch beim Lästern mit ihren sachkundigen Kommentaren hinter der Bande.

„BUH, SPORTREITER!"

Buh, Sportreiter, sagt die Frau, meine sogenannte Besitzerin, als wir eierig um Frau Reichundschön herumtraben, die mit ihrem Expensive Edelbert noch einmal die Dressuraufgabe für das nächste Turnier durchgeht. Frau Reichundschön rümpft die vornehme Nase, reitet entspannt die Aufgabe durch, tätschelt dann ihren Edelbert und trabt zum Abschluss locker-flockig leicht. Trotz Sitzprothese und Lackledertrense.

Hmpf, macht die sogenannte Besitzerin. Mit Sportreiten haben wir nix zu tun, und das ist auch gut so, weil ich ja Freizeitpferd bin. Ich DARF gar keinen Sport machen oder mich sonstwie anstrengen. Außerdem hat die sogenannte Besitzerin andere Pläne und möchte Reitkunst treiben, und da bin ich notgedrungen mit dabei. Ich sage nur Piaffe. Oder in unserem Fall: vorn ziehen, hinten treiben. Jedenfalls, wenn Frau Reitlehrerin sie nicht erwischt. Die hält nämlich sehr viel von vernünftig gerittenen Basics inklusive einer gewissen sportlichen Betätigung und ist gegen Pi und Pa um jeden Preis.

Aber wo war ich? Buh, Sportreiter, genau. Das sagen auch die Reitprofis hinter der Bande, die jetzt alle ihre Pferde systematisch verfetten lassen – Stichwort All you can eat – und sie auch nicht mehr putzen, weil das gegen die Natur ist. ~~Im Gegensatz zu Hufrehe, die kommt auch in der Natur vor.~~ Total schön, so selbstbestimmt, sagen sie. Schmied und Tierarzt brauchen sie auch nicht mehr, weil das total unnatürlich ist.

Dann haben wir bei uns im Stall noch die Westernreiter und die Wattebäuschchenwerfer. Die einen treiben Horsemanship, bis es manchmal nicht mehr auszuhalten ist, und die anderen setzen auf antiautoritäre Erziehung und finden erstmal alles toll, was ihre Pferde machen. Bis die dann beim Führen oder Reiten nicht mehr händelbar sind und die Besitzer sicherheitshalber nicht mehr in den Stall kommen. Nicht alle, aber manche.

Während die Reitkünstler, allen voran die sogenannte Besitzerin, vom Reiten auf blanker Kandare träumen und auch schon mal beherzter einwirken, als es die Reitlehre vorsieht. Weil: „Sind ja klassische Lektionen, die kennt heutzutage keiner mehr." So die sogenannte Besitzerin mit treuherzigem Augenaufschlag. Und da weiß auch logischerweise keiner, wie sowas eigentlich geritten wird. Das ist jedenfalls der Plan. Und wenn dann doch jemand – wie zum Beispiel Frau Reitlehrerin – berechtigte Einwände hat, versucht man mit ihr zu diskutieren. Das ist der Teil, den ich persönlich am lustigsten finde. Weil man da leider, leider regelmäßig den Kürzeren zieht. Denn Frau

Reitlehrerin weiß nicht nur alles, sondern kann auch alles erklären. Zum Beispiel, dass man nach jeder Reitweise schlecht reiten kann. Und dass alles, was man im Umgang mit dem Pferd falsch macht, richtig in die Hose gehen kann, meistens fürs Pferd.

„Aber die Sportreiter sind die schlimmsten", piepst die Frau, die ihre Felle langsam davonschwimmen sieht.

„Da hat die Sportreiterei kein Monopol drauf", lächelt Frau Reitlehrerin pädagogisch. „Aber es ist schon so: Wenn man mit Pferden viel Geld verdienen kann, geht das oft Hand in Hand mit ihrer Ausbeutung. Auch schlimm: Wenn es in erster Linie um Selbstdarstellung geht und nicht ums Pferdewohl. Viel schöner wäre es doch, wenn das Reiten eine reine Liebhaberei wäre." Und sie fasst zusammen: „Krankhafter Ehrgeiz ist immer schlecht."

„Das Gegenteil aber auch", findet die sogenannte Besitzerin.

„Krankhaftes Desinteresse auch, genau", bestätigt Frau Reitlehrerin. „Die Wahrheit liegt wie immer irgendwo in der Mitte." Und ich weiß ja nicht, wie es euch so geht, aber ich habe in meiner Mitte ein ganz hungriges Gefühl und könnte jetzt einen Snack vertragen. Aber keinen mittleren. Lieber einen großen.

Irgendwie herrscht ja gerade gesellschaftlicher Konsens, dass Sportreiter dabei sind, ihre Social License zu verlieren, mit anderen Worten: die Akzeptanz geht hart gegen Null. Zu ihrer Überraschung muss die sogenannte Besitzerin aber feststellen, dass auch normale Freizeitreiter keineswegs als Geschenk des Himmels empfunden werden. Ganz im Gegenteil: kaum jemand freut sich über Leute, die von oben herab grüßen (wenn überhaupt) und deren Reittiere Äppelhaufen hinterlassen, die so groß sind wie ein kleiner Hund. Und das jetzt, wo die Tage länger werden und sowas wie Frühling in der Luft liegt.

BUH, REITER!

Die Frau kommt jetzt nur noch im Schutz der Dunkelheit in den Stall. Das muss man sich mal vorstellen: Man ist gerade komplett auf Essen, Chillen und Schlafen eingestellt, zack, steht die sogenannte Besitzerin vor einem und leuchtet einem mit ihrer Kopflampe ins Gesicht. Erst hat sie noch den gesamten Hof illuminiert, das fanden die Stallbesitzer aber so semi. Deshalb verkleidet sie sich jetzt als Grubenarbeiter und erschreckt einen zu Tode. Und warum das Ganze? Ich will es euch verraten: Bis vor kurzem waren ja nur Sportreiter unten durch. Vor allem bei der Frau, aber irgendwie auch bei allen anderen. Dann ist irgendwas passiert und jetzt sind Reiter insgesamt böse. Und zwar alle. Finde ich gar nicht schlimm, ich bin ja bekanntlich Freizeitpferd. Mein Herz hängt nicht an der Arbeit und dem Rumschleppen, nein, ich bin derjenige, der für die Freizeit zuständig ist.

Der Grund für die Nachtschichten: Wir machen manchmal dieses Ausreiten und treiben uns in der weiten Welt herum. Genauer gesagt in unserem Ausreitgelände, wo man genau zwei Runden gehen kann – die kurze und die etwas längere -, was aber aufregend genug ist. Beweis: Da laufen Leute rum, die Reiter anpöbeln. Wir Pferde werden auch angemault, aber eben auch diejenigen, die obendrauf rumsitzen. Weil nämlich alle Reiter Tierquäler sind. Weiß man ja aus dem Fernsehen und dem Internet. Hinzu kommt, dass Reiter arrogant und von oben herab sind. Stimmt, auch die sogenannte Besitzerin hält sich für was Besseres. Und das von oben herab hat möglicherweise damit zu tun, dass Pferde größer sind als Menschen. Fragt mich nur, wenn ihr die Welt erklärt haben wollt. Außerdem ~~scheißen~~ äppeln Pferde überall hin – irgendwo muss es schließlich raus. Genau wie Hunde, übrigens. Deren Besitzer im Wald auch keine Kackbeutel benutzen. Aber bei unsereinem ist es halt mehr und Reiter sind ohnehin böse, siehe oben. Und!!! Reiter benutzen frecherweise Reitwege, auf denen man als Hundebesitzer viel schöner Gassi gehen oder überhaupt spazieren kann.

Wo man als Reiter also eh schon wenig beliebt ist, gibt es im großen Sport zuverlässig einen Skandal nach dem anderen. Man muss sich direkt für sein Hobby schämen, findet die sogenannte Besitzerin und taumelt im Dunkeln über die Stallgasse. Wo sie auf Frau Reitlehrerin bei ihrem letzten Kontrollgang trifft. Verständnisvoll hört die sich die Klagen der sogenannten Besitzerin an und findet, mehr Öffentlichkeit und Transparenz wäre eigentlich der pfiffigere Weg. „Die Menschen müssen sehen, dass Pferd und Reiter miteinander eine schöne Zeit haben, mit Harmonie und guter Kommunikation. Und es schadet auch gar nichts, wenn alle Beteiligten glücklich sind und Spaß haben. Wenn man gemeinsam im Flow ist, macht das nämlich froh."

In dem Sinne: International reiten tut nicht not, gemeinsam im Flow macht froh und das darf auch jeder sehen. Außerdem wichtig: Freizeit und Gras to Go. Fragt mich nur, ich hätte da noch viele tolle Ideen.

Das neue Projekt der sogenannten Besitzerin gehört allerdings nicht dazu. Ich nenne es *Enthaaren mit Tendenz zur Körperverletzung*, sie sagt *Putzen*. Wenn sie gerade keine Haare im Mund hat, denn im Fellwechsel sollte man sein Pferd bekanntlich mit geschlossenem Mund striegeln und bürsten und was man sonst noch so alles machen kann.

„PUTZEN, DAS MACH ICH AM LIEBSTEN!"

„Im Moment putze ich total gern", schwärmt die Frau, unsere sogenannte Besitzerin. „Da sieht man wenigstens, was man getan hat!"

Der Mann, der uns vor einiger Zeit zugelaufen und komischerweise immer noch da ist, kennt die Frau noch nicht so gut wie wir und assoziiert saubere Fußböden und Fenster. Er muss halt noch viel lernen. Tatsächlich schrubbt die sogenannte Besitzerin mit Vehemenz und Hingabe am spanischen Mähnenwunder und an mir herum, weil sie uns das Winterfell anscheinend innerhalb von zwei Wochen wegoperieren will. Herausputzen kann man das nicht nennen, wenn die Grobmotorikerin zum Putzzeug greift. Beziehungsweise zu diversen Fellwechselhelfern, die in ihren zwei linken Händen unweigerlich zu Mordwerkzeugen werden.

Der Lutschi, was unser spanisches Mähnenwunder ist, rollt auch schon furchtsam die Augen. Dazu muss man wissen, dass der Lutschi die energiegeladene Ausstrahlung einer Schildkröte hat und dass das somit ein mittlerer Temperamentsausbruch ist.

Beim Lutschi gibt es aber eigentlich nichts zu

eliminieren. Das spanische Mähnenwunder hat nämlich beschlossen, dem deutschen Winter durch eine isolierende Speckschicht zu trotzen. „Wie ein Robbenbaby," sagt die Frau verträumt. „So niedlich!" Zum Ausgleich hat das Robbenbaby am Winterfell gespart. Und weil der Lutschi so eine sensible Mischhaut hat und aus unerfindlichen Gründen Herzenspferd und Seelenpony ist, wird er auch schnell von der putzwütigen Frau verschont.

Jetzt geht es ans Eingemachte. Ich versuche noch schnell, die Flucht zu ergreifen, aber die sogenannte Besitzerin verfügt über ausreichend kriminelle Energie, um mich mit dem windigen Versprechen auf mehrere Leckerli zu ködern. Bei einem hätte ich ja dankend abgelehnt, aber bei mehreren werde ich regelmäßig schwach.

Also stehe ich jetzt am Anbinder und Madame Fürchterlich wendet ein Enthaarungsinstrument nach dem anderen an, womit einem das Fell und manchmal auch die Haut darunter abgezogen wird. Hallo, geht das auch mit Gefühl? Aber meine herzlose Besitzerin rupft und zupft, dass es die Sau graust. Die kahlen Stellen gehen bestimmt nie mehr weg. Und nein, ich stelle mich nicht an. Unter dem Fell wohne ich, da befindet sich mein zarter Körper. Und meine noch zartere Seele.

Wenigstens hat die Putzaktion Spuren an der sogenannten Besitzerin hinterlassen. Ich bin mittlerweile adrett und ordentlich, wenn auch etwas haarlos, aber die Frau sieht aus wie ein stark behaartes Erdferkel. Da muss man sich direkt schämen.

„Fellwechsel, das ist die Zeit, wo das Fell vom Pferd auf die Besitzerin wechselt", sagt der Mann und ich möchte jetzt bitte die versprochenen Leckerli. Und als nächstes Gras to Go und mich wälzen. Vielleicht auch alles gleichzeitig.

Kaum ist der Putzkasten wieder eingeräumt und mein Nervenkostüm mit reichlich Nahrung repariert, kommt auch schon die nächste Überraschung. Damit es der sogenannten Besitzerin nicht langweilig wird.

DAS HAT ER JA NOCH NIE GEMACHT!

„Das hat er ja noch nie gemacht!" Erschüttert sitzt die sogenannte Besitzerin in den Trümmern des Putzkastens, den Haflinger Hansi akkurat pulverisiert hat. Ebenjener Hansi, der soeben aus einer Laune heraus seine Trense zerrissen hat und in der neu gewonnenen Freiheit den Lutschi, was unser spanisches Mähnenwunder ist, ins Ohr beißt.

„Das hat er ja noch nie gemacht", echot Frau Hansi, die Reste der Trense noch in der Hand. Woraufhin der Lutschi einen Sprung nach vorne macht.

„Das hat er ja noch nie gemacht!", teilt die sogenannte Besitzerin mit. Woraufhin sich nun wieder Esmeralda, die geduldig am Anbinder steht und geputzt wird, erschreckt und fast auf den Hintern setzt.

„Das hat sie ja noch nie gemacht!", staunt Frau Esmeralda. Hansi äppelt unterdessen entspannt auf die Stallgasse und wackelt dann Richtung Straße. Der Lutschi würde gern mit, ist aber noch am Anbinder befestigt.

„Das hat er ja noch nie gemacht!", schnauft Frau Hansi, nun schon hektischer, die ihren Alpenquarter verfolgt. In letzter Sekunde biegt Hansi ab, Richtung Weide. „Jetzt hab ich ihn, die Weiden sind noch nicht auf", jubelt Frau Hansi. Hansi guckt und peilt die Lage.

Zusammenfassung der folgenden Ereignisse: Wo ein Wille ist, ist auch ein Weg. Mit anderen Worten: Challenge accepted, Litze zerstört, Hansi im Glück. „Der ist jetzt nicht im Ernst durch den Zaun gegangen? Das hat er ja noch nie gemacht", echauffiert sich Frau Hansi. Frau Reitlehrerin, die gerade rechtzeitig dazukommt, um Hansi zu verhaften, bevor der sich eine Kolik zulegt oder weitere kreative Ideen auslebt, lächelt pädagogisch: „Einmal ist immer das erste Mal. Bei Pferden muss man mit allem rechnen. Die bringen die unwahrscheinlichsten Dinge fertig und haben Unfälle, die man sich als Mensch gar nicht vorstellen kann."

Und ich habe jetzt endlich meine Boxentür auf und orientiere mich zielstrebig Richtung Heulager. Auf der Wiese ist mir zu viel Hektik. Einmal ist immer das erste Mal.

Kaum am Buffet angekommen, hat mich die sogenannte Besitzerin wieder verhaftet. Sie kriegt doch sonst auch nix mit – was hat mich nur verraten? Und überhaupt – ich war das nicht und kann überhaupt nix dafür, dass das Heulager jetzt so komisch aussieht.

DAS WAR ICH NICHT!

„Das war ich nicht!" Wie die personifizierte Unschuld starrt Frau Heinzi die sogenannte Besitzerin an. Neben ihr die wie von Geisterhand zerstörte Schwarkowski-Dressurgerte. Traurig kullern die Glitzersteinchen über die Stallgasse. Die Gerte selbst hat einen eigenartigen Knick, der beim besten Willen nicht gesund aussieht.

Und zack, schlechte Laune. „Bist du irre? Die ist mit echtem Schwarkowski-Strass besetzt und war voll teuer!", teilt die Frau, meine sogenannte Besitzerin, so ruhig und selbstbeherrscht mit, wie wir sie kennen. Nämlich gar nicht. Mit anderen Worten: Rumpelstilzchen lässt grüßen. ~~Mir persönlich ist der klunkerverkrustete Prügel ja vollkommen latte, wegen mir müsste es überhaupt keine Peitschen, Stöckchen oder Meinungsverstärker geben, aber ich bin ja hier nur das Pferd und man sagt mir nach, ich würde lästern.~~

„Gerade eben war die noch heil. Weiß auch nicht, wieso die jetzt so komisch aussieht. Ich war das jedenfalls nicht", erwidert Frau Heinzi und geht entspannt ihrer Wege.

„Du hast vergessen zu fegen, da ist noch Dreck am

Putzplatz", ruft ihr die Frau nach. Die Antwort ist ein glockenhelles „Nicht mein Dreck, das war ich nicht!"

Auftritt Frau Elvira, vorwurfsvoll. „Du hast mir doch vor drei Monaten deine Schermaschine geliehen. Hier hast du sie wieder. Ich musste mir für Elvira eine andere leihen, weil deine Maschine kaputt ist."

„Als ich sie dir gegeben habe, war sie noch heil", merkt die sogenannte Besitzerin an.

„Nö, die war kaputt. Muss von allein kaputt gegangen sein, ich war das jedenfalls nicht." Womit sich Frau Elvira verabschiedet und woandershin geht, um dort anwesend zu sein, wenn Dinge von ganz allein kaputt gehen.

Trotz abgrundschlechter Laune schafft es die sogenannte Besitzerin, mich ohne größere Unfälle zu putzen und fürs Reiten fertigzumachen. „Tür frei, bitte!", ruft sie frohgemut in die Reithalle, bevor wir zur Aufsteighilfe wandern und sie sich auf meinen Rücken hievt. Von oben sieht die Welt doch gleich ganz anders aus. Da sieht man zum Beispiel, dass mehrere Pferde in die Halle geäppelt haben. In der Halle ist allerdings nur noch eins, nämlich Esmeralda. Horsti, Klausi und Willi haben mit ihren Reiterinnen soeben den Tatort verlassen und sind damit dringend verdächtig.

„Hey, ihr habt vergessen, eure Pferdeäppel wegzumachen!", ruft ihnen die Frau hinterher.

„Die sind nicht von uns, wir waren das nicht", ist

die Antwort. Praktischerweise ist jetzt Reitstunde und Frau Reitlehrerin kann gleichzeitig abäppeln und Reitunterricht geben. Was aber möglicherweise nicht im Sinne des Erfinders ist.

Frau Esmeralda ist jetzt auf jeden Fall fertig mit dem Reiten und friemelt ihre Abschwitzdecke von der Bande, um sie Esmeralda mit einem gekonnten Schwung über die Kruppe zu breiten. Dabei fällt meine Abschwitzdecke herunter und liegt in der einzigen matschigen Stelle weit und breit. „Das war ich nicht, die ist von ganz allein runtergefallen", erklärt Frau Esmeralda achselzuckend und damit ist aus ihrer Sicht alles gesagt und getan.

Aber es gibt so Tage, wo Dinge einfach explodieren oder sich selbst zerstören. Meine neue Regendecke nämlich. Die ist von ganz allein kaputtgegangen. Und warum an meinem Sattel plötzlich Bisspuren sind, wo doch der Sattel direkt neben mir auf dem Anbindebalken lag, wo ich ihn mühelos erreichen kann, und wo sonst weit und breit kein anderes Pferd war, das weiß ich auch nicht. Das war ich nicht, ich schwöre.

Ja und dann kam die Prominenz. Eine richtige waschechte Influencerin hat bei uns am Hof ruminfluenzt. Die Frau liebt ja ihre Internet-Bekanntschaften. Lauter schöne Menschen, die schöne Dinge tun! Wie gern wäre sie eine von ihnen. Dauernd werden wunderbare Fotos geshootet und geteilt und manche kann man sogar im richtigen

Leben kennenlernen, wo sie mindestens genauso glamourös sind wie im Netz und wo sie die Reiterei neu erfinden. Denn das ist das Wichtigste: Ein griffiger Name für das, was man tut, und es muss neu und aufregend und anders sein. Hach, sagt die sogenannte Besitzerin da nur und verdreht glückselig die Augen.

ABER SIE IST SO WUNDER-
WUNDERSCHÖN

„Weißt du schon? Melli kommt zu uns!" Die Frau ist ganz aufgeregt.

„Wer?", fragt Frau Reitlehrerin.

„Melli. Von Insta. Musst du doch kennen", insistiert die sogenannte Besitzerin.

„Melli von Insta, eine Adelige also. Sagt mir jetzt nichts."

„Die heißt eigentlich Melanie Felicity und ist wunder-wunderschön", schwärmt die Frau. „Und sie kann toll reiten und postet pferdegerechte Sachen. Und Bücher schreibt sie auch. Und! die legt sich auch mit der Sportreiterei und mit der FN an."

Das ist ja schon mal ganz in Frau Reitlehrerins Sinn. Also das wunder-wunderschöne nicht, das ist ihr relativ egal, aber dass die sogenannte Besitzerin sich für pferdefreundliche Inhalte begeistert und dem ehrgeizigen Sportreiten kritisch gegenübersteht, das gefällt ihr. Aber die Frau ist noch nicht fertig. „Und die kommt zu uns in den Stall und macht hier ein Seminar und es kostet nur drölfzigtausend Euro und es wird bestimmt ganz toll. Kommst du auch?" Sie hält Frau Reitlehrerin das Handy unter die Nase, worauf das Event beworben wird. Unter einem hübschen Foto steht „Equine Essentials – reite dein Pferd gesund!"

Das liest sich ja erstmal gut und deckt sich auch vollkommen mit Frau Reitlehrerins Vorstellung, dass man Pferde problemlos krank reiten, sie aber auch gesunderhaltend gymnastizieren kann und sollte. Und natürlich ist es hilfreich, wenn man dafür verschiedene Zusammenhänge im Pferdekörper durchschaut. Frau Reitlehrerin ist also dabei, denn wie sie sagt, muss man sich auch als Reitausbilder weiterbilden und wird durch so eine Veranstaltung zumindest nicht dümmer.

Wie aufregend. Also für den Lutschi und für mich nicht, wir haben am großen Tag reitfrei. Ein Glück, ich hatte schon Sorge, wir müssten als Anschauungsobjekt herhalten. Aber für diesen Zweck hat die Melli von Insta drei Reiterinnen und ihre Pferde da, die den praktischen Teil bestreiten sollen. Aber zuerst die Theorie!

Und zuallererst Fotos und Videos, worauf Stall, Menschen und Pferde sehr schön in Szene gesetzt werden. Die ersten Teilnehmer schreiben schon auf Insta über die Mega-Fortbildung, noch ehe sie begonnen hat. Jetzt aber – Melli von Insta kontrolliert noch schnell ihren Look und begrüßt die Fans. Danach kommt der Theorie-Teil, der fachlich sehr allgemein gehalten ist und wo man aber viel Persönliches und Emotionales über Melli erfährt. Was ja auch schön ist, denn sie hat tatsächlich sehr viele sehr pferdefreundliche Gedanken und da ist es gut, wenn möglichst viele Menschen genau so denken und Pferde als Partner ansehen und nicht als Befehlsempfänger und Sportgerät. Fachlich und fortbildungstechnisch kommt dabei allerdings nicht so viel rum, aber das kommt bestimmt im praktischen Teil, versichert die sogenannte Besitzerin Frau Reitlehrerin, deren pädagogisches Lächeln allmählich etwas angestrengt wirkt.

Nach der Pause geht es also weiter mit der Praxis. Als erstes erscheint Frau Wackeldackel mit dem unruhigen Bein. Ihr Pferd läuft stoisch und gelassen durch die Reithalle, allein Frau Wackeldackel zappelt sich obendrauf einen zurecht. Mal wackeln die Arme, mal ist es der Kopf, aber am meisten schlackern die Unterschenkel. Melli hat schnell diagnostiziert, dass das Problem aus dem Sitz kommt. Der Sattel, eine Sitzprothese mit extra viel Pausche und extra-extratiefem Sitz, hat nichts damit zu tun, denn er passt dem Pferd. Der Reiterin zwar nicht, aber ich bin ja hier nur das Pferd und man sagt mir nach, ich würde lästern. Melli hat auch gleich eine Idee, wie man den unruhigen Sitz heilen kann: Einfach die Knie kräftig ans Pferd, der Rest kommt von ganz allein. Die sogenannte Besitzerin guckt Frau Reitlehrerin tief in die Augen. So einfach kann es sein und du machst es mir immer so schwer, sagt dieser Blick. Aber jetzt kommt noch der diagnostische Teil. Frau Wackeldackels Pferd wird abgesattelt und untersucht. Also der Sattel passt prima, beschließt die

Melli. Jetzt piekst sie das Wackeldackelpferd in verschiedene Reflexpunkte. „Oh, oh", macht sie.

„Untersucht wird doch eigentlich vor dem Reiten?", murmelt Frau Reitlehrerin, ein Fragezeichen auf der Stirn. „Weil man je nach Befund das Reiten besser bleiben lässt? Jedenfalls kenne ich das so."

„Das hat man vielleicht früher so gemacht. Siehste, so kannst auch du was lernen", triumphiert die Frau.

Die Melli macht wieder „Oh, oh" und stellt fest: „Blockaden im Hals, und die Knie würde ich mal schallen lassen."

„Warum?", fragt Frau Reitlehrerin.

„Weil er das der Melli so angezeigt hat", flüstert die Frau. „Ist sie nicht wunderschön?"

Aber jetzt geht es Schlag auf Schlag und Reiterin Nummer Zwei erscheint. Reiterin Nummer Zwei ist sehr versiert und reitet tiefenentspannt und mit einem schönen langen Bein, während ihr sichtlich unerfahrenes Pferd hier mal guckt und dort mal einen Hüpfer macht. Das gefällt der Melli aber gar nicht. Hier kann sie leider keinen Unterricht machen, da das Pferd nicht ihren Anforderungen entspricht. Mindestens A-fertig sollte es schon sein. Den Einwand, die Reiterin wäre selbst Trainerin und das Pferd zugegebenermaßen noch unerfahren, würde aber sicherlich von ihrem geschulten Auge profitieren, lässt sie nicht gelten. Schnell noch ein paar schöne Fotos für Insta gemacht und jetzt bitte

Abgang, aber zügig. Pro forma wird noch ein bisschen untersucht und empfohlen, die Knie schallen zu lassen.

Denn es naht Reiterin Nummer Drei, an der die Melli ausnahmsweise nichts auszusetzen hat. Nur eine Kleinigkeit wäre da, Moment. Sie zieht ihre Daunenweste aus und stopft sie bei Reiterin Nummer Drei unter den Sattel. So würde sie besser im Schwerpunkt sitzen. Reiterin Nummer Drei staunt, Frau Reitlehrerin staunt und sogar die sogenannte Besitzerin staunt. „Auf so coole Ideen kommst du nicht", zischelt sie zu Frau Reitlehrerin. „Ist sie nicht wunderschön?"

Reiterin Nummer Drei reitet unter Mellis sachkundiger Anleitung verschiedene Dinge und Pferd Nummer Drei macht gut mit – trotz oder wegen der untergeschobenen Weste, das ist nicht so klar. Die abschließende Untersuchung ergibt einen Befund am Knie, das unbedingt geschallt werden muss. Eine Zumutung, dass nur kranke Pferde hierhin kommen, findet die Melli. Sie hat jetzt auch sichtlich keine Lust mehr und erzählt lieber wieder aus ihrem Leben. Dann hat sie auch darauf keine Lust mehr und die wunderbare Veranstaltung ist vorbei. Am Ausgang können noch Fotos mit Melli gemacht werden und alle sind begeistert. Also, fast alle. Frau Reitlehrerin zum Beispiel lächelt kritisch und die sogenannte Besitzerin ist verunsichert, weil Frau Reitlehrerin eine Zeitlang gar nicht gelächelt hat. Und Reiterinnen Eins bis Drei machen auch einen eher unfrohen Eindruck.

„Nicht jeder, der schön reitet und für seine pferdefreundliche Einstellung bekannt ist, gibt auch guten Reitunterricht oder ist ein begnadeter Diagnostiker", fasst es Frau Reitlehrerin zusammen. „Es muss auch nicht jeder alles gleich gut können, dafür gibt es schließlich Experten."

Meine Zusammenfassung: Wenn du jemand hast, der dir für dich passenden Unterricht anbietet und noch dazu pferdefreundlich ist, dann überschütte ihn mit Geld und guten Worten und lass ihn nicht mehr gehen.

„Aber sie ist so wunder-wunderschön", meint die sogenannte Besitzerin. Und da fällt mir jetzt auch nix mehr ein.

Aber die Frau guckt nicht nur schöne Menschen im Internet an, sie hilft auch. Findet sie jedenfalls. Oder wie nennt man das, wenn jemand unaufgefordert und penetrant Sachen kommentiert, von denen man bestenfalls eine vage Ahnung hat?

DIE HABEN DOCH ALLE KEINE AHNUNG!

„Die haben doch alle keine Ahnung!", verkündet die sogenannte Besitzerin im Brustton der Überzeugung. Und du hast die?, würde ich gern fragen, aber ich bin ja hier nur das Pferd und man sagt mir nach, ich würde lästern.

Worum geht's? Die sogenannte Besitzerin war mal wieder im Internet und hat da anderen Leuten die Meinung gesagt. Das ist ja ihr Liebstes. Herrlich, wenn man klüger ist als der Rest der Welt! Und dieses Klugscheißen tut sie gern a) im wirklichen Leben, zusammen mit den anderen Reitprofis hinter der Bande, oder eben b) online auf Social Media. Jetzt gerade haben wir aber Reitunterricht, weshalb ich neben Frau Reitlehrerin herumstehe, während meine Reiterin aus ihrem Leben erzählt. Sie fummelt ihr Handy aus der Tasche und hält es Frau Reitlehrerin unter die Nase. „Guck mal, das soll ein Bergauf-Galopp sein – hmpf! Denen hab ich aber die Meinung gesagt."

Frau Reitlehrerin guckt und legt den Kopf schief.

„Ja genau, das ist schon mal so schräg fotografiert, dass es aussieht, als ginge es bei denen in der

Reithalle bergauf", kichert die Frau. „Und dann haben die sich in den Kommentaren gefetzt, ob das jetzt richtig oder falsch geritten ist. Ich bin ja total sensibilisiert und hab sofort gesagt, dass der Rücken durchhängt und ein Pferd so nicht gescheit galoppieren kann. Hui, da hab ich aber Ärger gekriegt. Dabei haben die doch alle keine Ahnung!" Sie schaudert bei der Erinnerung. Dann fragt sie: „Warum wissen die alle nicht, dass das falsch ist? Warum haben die alle keine Ahnung?"

Frau Reitlehrerin ist eine gute Pädagogin und lobt die Frau erstmal dafür, dass sie tatsächlich richtig erkannt hat, dass beim betreffenden Pferd-Reiter-Paar einiges im Argen liegt und dass der Rücken definitiv badewannenförmig hängt und sich das Pferd so tatsächlich nicht physiologisch fortbewegen kann, sei es noch so teuer und der Reiter noch so berühmt. Dann erklärt sie: „Der Reitsport hat sich insofern in eine Sackgasse begeben, als die Reiterei immer spektakulärer werden musste. Der Mensch will Sensationen – höher, schneller, weiter. Also wurden bewegungsstarke, aber instabile Pferde produziert. Das mit dem *produziert* muss man leider so sagen, denn da geht es rein ums Geld und nicht darum, möglichst gesunde, langlebige Pferde zu züchten. Außerdem muss die Ausbildung dieser Pferde schnell gehen, damit man sie zügig auf Turnieren vorstellen und vermarkten kann."

„Aber da sind doch Richter, die dafür zuständig sind, korrektes Reiten zu bewerten. Warum tun die nichts? Von den Abreiteplätzen gibt's ja oft schlimme Bilder, und die aus den Prüfungen sind auch nicht besser. Ich glaube, die haben auch alle keine Ahnung." Die Frau schnauft empört.

„So ganz ahnungslos sind die nicht", lächelt Frau Reitlehrerin. „Aber wie so oft im Leben geht es auch hier um's Geld. Wenn die Richter also korrekt gerichtet haben und auch die ganz großen Profis heruntergewertet haben, sind die nicht mehr zu den Turnieren gekommen. Da waren die Veranstalter not amused und haben diese Richter einfach nicht mehr eingeladen. Später ging die Entwicklung dann dahin, dass die Richter anscheinend selbst nicht mehr wussten, wie korrektes Reiten eigentlich aussieht. Und das ist das eigentliche Trauerspiel. Mittlerweile haben sich alle so dermaßen an die Bilder von gestressten, strampelnden Pferden und inkorrekten Bewegungsabläufen gewöhnt, dass die Mehrheit wirklich nicht mehr weiß, wie vergleichsweise langweilig harmonisches, korrektes Reiten aussieht."

„Und wie kann man das wieder lernen?", erkundigt sich die Frau ehrlich besorgt.

„Man kann sich zum Beispiel an alten Schriften und auch Reitvorschriften orientieren."

„Alte Schriften, also Reitkunst!", jauchzt die Frau, die sich ja zu Höherem berufen fühlt und sich so um die Basics herumdrücken will. Und nach einer kurzen Pause: „Wie jetzt – Vorschrift?"

„Aus der Kavallerie", erklärt Frau Reitlehrerin hilfsbereit.

„Aber da geht es doch um Soldaten und um Krieg!" Die Frau ist entsetzt.

„Pferde waren damals unglaublich wichtig, deshalb wurde auch alles dafür getan, dass sie möglichst lange fit und einsatzfähig waren."

„Ach", staunt die sogenannte Besitzerin. „Man müsste also diese alten Schinken lesen. Das ist ja sehr mühsam."

„Aber vielleicht eine gute Tat für die Pferde, ihre Ausbildung und für die Beurteilung ihrer Bewegungsabläufe", findet Frau Reitlehrerin.

„Oder man ist einfach so ein Naturtalent wie ich und weiß das alles schon", verkündet die sogenannte Besitzerin, die anscheinend komplett verdrängt hat, wie mühselig ihr Frau Reitlehrerin das ein oder andere eingetrichtert hat, wir erinnern uns. Frau Reitlehrerins Lächeln wirkt an dieser Stelle auch etwas gezwungen.

Das Naturtalent hat aber nicht nur eine Rechts-Links-Schwäche, sondern auch Innen-Außen-Aussetzer.

DIESES INNEN UND AUSSEN MACHT MICH NOCH GANZ VERRÜCKT!

„Dieses innen und außen macht mich noch ganz verrückt!", stöhnt die Frau. Wir haben mal wieder Reitstunde und Frau Reitlehrerin hat meine Reiterin und mich aufgefordert, auf der linken Hand auf den Zirkel zu gehen. Und dabei soll die sogenannte Besitzerin die Innenstellung nicht durch Ziehen am inneren Zügel erreichen, was im Übrigen sehr unangenehm ist. Sondern durch einfühlsame Einwirkung mit dem inneren Schenkel (momentan der linke), worauf ich mich entsprechend hohl mache und sie mich also an den äußeren Zügel herantreibt, vorausgesetzt, da ist gerade eine angenehme äußere Hand, die Führung anbietet. Wenn sie jetzt noch passend in der Bewegung sitzt, nämlich im Drehsitz, geht ihr äußerer Schenkel (der rechte) leicht hinter den Gurt und wirkt dort verwahrend. Und dann hätten wir tatsächlich einen richtig runden Zirkel.

Aber ich schweife ab. Denn jetzt möchte Frau Reitlehrerin gern, dass ich in Konterstellung gehe, und zack! schlechte Laune. Weil jetzt möglicherweise innen außen ist und außen innen. Und richtet sich das jetzt danach, wo die Bande ist oder eher nicht? Und mit diesem ganzen rechts und links darf man der Frau auch nicht kommen, da kann die nämlich nicht mit umgehen.

Frau Reitlehrerin lächelt also beruhigend und erklärt: „Innen ist die Seite, nach der das Pferd gestellt ist. Du bist gerade auf einem Linkszirkel, da wäre der Pfridolin also wie gestellt?"

„Links", rät die sogenannte Besitzerin.

„Genau", jubelt Frau Reitlehrerin. „Jetzt kommt aber die Konterstellung dazu, also die Außenstellung. Wie ist der Pfridolin dann gestellt?"

Die Frau zieht den Publikumsjoker. Rechts, meinen die Reitprofis hinter der Bande.

„Sehr gut", lobt Frau Reitlehrerin. „Dann ist also das neue innen wo?"

Die Frau guckt kariert. „Auch rechts?", fragt sie.

Frau Reitlehrerin ist voll des Lobes.

„Oh, ah. Das ist aber jetzt sehr viel rechts und links", findet die sogenannte Besitzerin.

Das findet Frau Reitlehrerin auch, die deshalb vorschlägt, doch lieber vom stellenden Zügel und vom führenden Zügel zu sprechen, „wenn wir uns jetzt um die fortgeschrittenen Lektionen in Konterstellung kümmern."

Fortgeschrittene Lektionen – hach! Die Frau wächst direkt um einen halben Meter. „Ich glaube, bald kommt die Piaffe", überlegt sie laut.

Also ich glaube das nicht. Ich glaube, dieses innen

und außen hat ihrem Gehirn gar nicht gutgetan. Aber ich bin ja hier nur das Pferd und man sagt mir nach, ich würde lästern.

Aber nicht nur ich habe im Unterricht das Vergnügen mit der sogenannten Besitzerin, nein, die sitzt auch auf dem Lutschi rum und ist da genauso aufmerksam und feinfühlig, wie man es von ihr erwartet, nämlich eher wenig.

ICH GEH DOCH AUCH NICHT BEI JEDEM HUSTEN ZUM ARZT!

„Röchött", macht das spanische Mähnenwunder beim ersten Antraben. Frau Reitlehrerin guckt ungewohnt streng und bittet die Frau, unsere sogenannte Besitzerin, zu sich. Der Lutschi, der eigentlich Lucero heißt, muss mit, weil die sogenannte Besitzerin gerade auf ihm rumsitzt.

„Wie lange hustet der Lutschi denn schon?", fragt Frau Reitlehrerin.

Och. Da will sich die sogenannte Besitzerin nicht festlegen. „Der hustet ja auch gar nicht. Nur beim Antraben halt, da stößt er an." So nennen die anderen das nämlich. „Einmal", fügt sie hilfsbereit hinzu.

Frau Reitlehrerin lächelt pädagogisch und antwortet: „Mit hustenden Pferden ist nicht zu spaßen, sowas wird schnell chronisch und nennt sich dann equines Asthma. Und wenn man keine Luft oder nur schlecht Luft kriegt, ist das wirklich, wirklich schlimm. Vor allem, wenn man bedenkt, dass Pferde nicht durchs Maul, sondern nur durch die Nase atmen können."

Ach. Wusste die sogenannte Besitzerin noch gar

nicht. „Dann kauf ich am besten Hustensaft im Reitsportgeschäft", überlegt sie. „Und neue Schabracken brauch ich auch."

„Vielleicht solltest du lieber in einen Tierarztbesuch investieren", schlägt Frau Reitlehrerin vor. „Und den Lutschi auf Späne stellen und ihm nasses Heu füttern, bis der Husten weg ist."

Ach und je. Das hört sich sehr nach Arbeit an. Und wenig nach Schabracken. Die Frau zieht ein langes Gesicht. „Aber ich kenne ganz viele Pferde, die beim Antraben anstoßen. Ich selbst geh ja auch nicht für jeden Husten zum Arzt."

„Husten beim Pferd ist ein Spätsymptom. Weil Pferde Fluchttiere sind. Ihr Körper ist darauf ausgelegt, keine Schwäche zu zeigen. Außer, wenn es gar nicht mehr anders geht", gibt Frau Reitlehrerin zu bedenken.

„Mein armes Baby!!!" Mit einer gewissen Verspätung ~~fällt der Groschen~~ regt sich das Mutterherz. Immerhin geht es um den Lutschi, das Augäpfelchen und das Seelenpferd. Und schließlich ist es immer spannend, wenn der Tierarzt kommt. Weil man sich da wichtigtun kann und manchmal mehr im Mittelpunkt steht als der eigentliche Patient. Außerdem lernt man interessante Wörter, mit denen man hinterher angeben kann. Die Frau fühlt sich schon mal in ihre neue Rolle ein: „Wenn das arme Baby so krank ist, ruf ich sofort in der Praxis an. Gell, mein armer Schatz, die Mutti macht dich gesund."

Frau Reitlehrerin freut sich, dass dem Lutschi

geholfen wird. Ich freue mich, dass der Schabrackenkauf aufgeschoben ist. Weil: Im Zweifel muss ich die ja alle benutzen, wenn der Lutschi krank ist. Und so wie ich die sogenannte Besitzerin kenne, wird es eine Orgie in Pink, was ich nervlich gar nicht gut vertrage. Und wir beide überlegen, ob ihr wohl noch jemand verrät, dass sie gar nicht die richtige Mutter vom Lutschi ist.

HOW TO SCHNORCHEL

Komischerweise will der Husten vom spanischen Mähnenwunder nicht von selbst wieder verschwinden, weshalb die Frau den Tierarzt herbeizitiert. Mit der Erwartung, er möchte doch bitteschön dafür sorgen, dass der Husten weggeht, und zwar zackig. Der Tierarzt ist ein ganz empathischer Mensch, der mit seinen Patienten mitleidet, und er hat sogar ein so großes Herz, dass er nett zur sogenannten Besitzerin ist und ihr diese Wahnidee auf nette Art ausredet.

Natürlich erst, nachdem der Lutschi durchuntersucht wurde und Streicheleinheiten und Leckerchen abgegriffen hat. Dieses Kranksein ist vielleicht doch gar nicht so schlecht, überlege ich mir gerade. Der Lutschi macht auf jeden Fall einen zufriedenen und satten Eindruck. Noch nicht einmal das Blut abnehmen bringt ihn aus der Ruhe. „Um sicher ausschließen zu können, dass es ein akuter Infekt ist", erklärt der Tierarzt mit seiner beruhigenden Stimme.

Aha. Die sogenannte Besitzerin nickt verständnislos.

Beim Abhorchen macht der Viehdoktor dann ein

sehr nachdenkliches Gesicht, und wenig später erfahren wir auch, warum. „Fieber hat der Lucero nicht", eröffnet der Tierarzt das Gespräch. Und Anzeichen für einen akuten Infekt findet er auch nicht, die Blutentnahme dient lediglich dazu, das Ganze abzusichern. Was er aber gefunden beziehungsweise gehört hat, weist auf equines Asthma hin.

„Oh, ah", macht die Frau, um sich auch am Gespräch zu beteiligen.

„Das bedeutet", erklärt der Tierarzt, „dass die Bronchien verengt sind. Hinzu kommt vermehrte Schleimbildung. Weil sich nämlich der einstmals akute Husten, der anfangs noch ein Infekt war, mittlerweile in einen chronischen Husten verwandelt hat. Was man früher COPD oder COB nannte. Heutzutage nennt man es equines Asthma, und es ist leider eine weit verbreitete Erkrankung."

„Asthma! Mein armes Baby! Und was machen wir da?" Die sogenannte Besitzerin macht große Augen.

„Ich lasse Ihnen verschiedene Medikamente da, einen Bronchienerweiterer und einen Schleimlöser nämlich, und es wäre gut, wenn der Lucero zusätzlich noch inhalieren würde."

„Ach, das krieg ich hin. Ich stelle ihm eine Schüssel mit Kräutertee hin und hänge ihm ein Handtuch über den Kopf. Das wirkt bei mir auch immer."

Der Tierarzt hört diesen Vorschlag offenbar nicht zum ersten Mal, denn er reagiert erstaunlich gefasst und erklärt: „Besser funktioniert es mit einem speziellen Pferde-Inhalator, bei dem das Inhalat so fein vernebelt wird, dass die entstehenden Partikel lungengängig sind und nicht in den oberen Atemwegen verbleiben."

„Inhalat. Soso." Die sogenannte Besitzerin nickt verständnisvoll. „Und was inhaliert man dann so? Kräutertee?"

„Sie fangen mit isotonischer Kochsalzlösung an. Also eigentlich fangen Sie damit an, den Lucero an den Inhalator zu gewöhnen. Dann lassen sie ihn isotonische Kochsalzlösung inhalieren, und das mindestens einmal am Tag, zweimal wäre optimal. Wenn das gut klappt, können sie ihn Sole inhalieren lassen. Dadurch wird der festsitzende Schleim gelöst. Sole kann aber die Atemwege reizen, weshalb sie nicht dauerhaft inhaliert werden sollte."

„Oh." Die sogenannte Besitzerin muss die Informationen erstmal sacken lassen. Rein aus Reflex sagt sie: „Mein armes Baby!"

Aber der Tierarzt ist noch nicht fertig. „Am besten lassen sie den Lucero vor der Bewegung inhalieren, dann kann sich der Schleim noch besser lösen und abgehustet oder abgeschluckt werden. In drei Tagen telefonieren wir, dann erzählen Sie mir, wie es ihm geht und ich sage Ihnen, wie Sie mit den Medikamenten weitermachen."

„Mein armes Baby", sagt die sogenannte Besitzerin ergriffen.

Worauf sie der Viehdoktor nachdenklich und auch ein bisschen besorgt betrachtet und fragt: „Sie wissen aber schon, dass Sie nicht wirklich seine Mutter sind, oder?" Und ich weiß nicht, wie ihr das seht, aber ich feiere ihn dafür.

Die sogenannte Besitzerin guckt verständnislos und eskortiert den Tierarzt zu seinem Auto. Warum, wird nicht klar. Wahrscheinlich geht es in ihrem -nennen wir es mal Gehirn – drunter und drüber und der Körper schaltet auf Autopilot. Aber wie sich herausstellt, hat sie sogar streckenweise zugehört und sich was gemerkt.

DAS MACHT JA FURCHTBAR VIEL ARBEIT

„Das macht ja furchtbar viel Arbeit, ist das denn wirklich nötig?", fragt die Frau und guckt Frau Reitlehrerin hoffnungsvoll an. Willkommen im Leben, würde ich da antworten. Aber ich bin ja hier nur das Pferd und man sagt mir nach, ich würde lästern.

„Das Heu nassmachen, meinst du?", fragt Frau Reitlehrerin und lächelt lieb. Weil der Lutschi, unser spanisches Mähnenwunder, ja neuerdings equines Asthma hat und der Tierarzt und auch Frau Reitlehrerin der sogenannten Besitzerin permanent auf die Finger gucken, dass die auch alles richtig macht mit dem Patienten. So hat zum Beispiel der Tierarzt -ja genau, der Nette mit der beruhigenden Stimme – gemeint: „Inhalieren ist gut und schön, es reicht aber nicht aus." „Nicht?", hat da die sogenannte Besitzerin verschreckt gefragt und daraufhin einen Vortrag über eine dauerhafte Haltungsumstellung bekommen. Und wie die genau aussehen soll, darüber beklagt sich die sogenannte Besitzerin gerade bei Frau Reitlehrerin.

„Ja, Heu nassmachen vor allem. Und dieses

Heunetze stopfen nervt auch. Und die blöde Späne-Einstreu! Und vor allem das dauernde Inhalieren", antwortet die Frau. „Und ich möchte auch mal frei haben und mich nicht dauernd kümmern müssen!"

„Das kann ich gut verstehen. Wenn das Pferd eine schwere chronische Krankheit hat, ist das für den Besitzer sehr belastend und mit einigem Aufwand verbunden. Bei equinem Asthma sollten die Pferde unbedingt so staubfrei wie möglich gehalten werden. Deshalb ja auch das nasse Heu und die Späne-Einstreu, was du so vorbildlich umsetzt."

Lob ist immer gut. Die sogenannte Besitzerin fühlt sich ernstgenommen und verstanden. Frau Reitlehrerins Worte sind wie Balsam für ihre ~~heunassmachende und Spänebox mistende~~ geschundene Seele.

Frau Reitlehrerin spricht weiter: „Alternativ könntest du Heulage verfüttern, wenn sie der Lutschi gut verträgt. Und eine Alternative zur Späne-Box könnte eine reine Weidehaltung sein, gern auch an der See oder auf einer Alm, wofür der Lutschi allerdings zu leichtfuttrig ist. Nicht, dass er als Nächstes noch Hufrehe bekommt."

Die Frau macht kugelrunde Augen. Woran man alles denken muss! Aber Frau Reitlehrerin ist noch nicht fertig. „Es gibt auch Offenställe ohne Weidezugang, wo bedampftes Heu gefüttert wird, die sind aber sehr selten. Und dann müsste die Gruppenzusammensetzung gut passen. Du müsstest dir auch überlegen, ob der Pfridolin mit umziehen soll."

Bloß nicht! Ich gucke Frau Reitlehrerin erschrocken an. Zum Glück sieht es die sogenannte Besitzerin ähnlich. „Ach nein, ich will eigentlich gar nicht weg hier. Hier sind wir doch gut aufgehoben. Es ist halt einfach nur furchtbar viel Arbeit", seufzt sie zum Steinerweichen und da tut sie sogar mir leid.

Frau Reitlehrerin lächelt tröstend: „Bestimmte Dienstleistungen kannst du auch gegen Bezahlung dazubuchen, wenn du nett fragst. Oder du suchst eine Pflegebeteiligung für ein, zwei Tage in der Woche, wo du dich dann um nichts kümmern musst."

Die Augen der Frau leuchten.

„Wenn die Pflegebeteiligung gut eingearbeitet ist und weiß, worauf sie achten muss!", ergänzt Frau Reitlehrerin

Die Frau guckt mürrisch. Immer ist irgendwas. Aber dann hat sie einen Geistesblitz: „Oder ich frage einfach den Mann, der ist nett und hilfsbereit und schon eingearbeitet!"

Der Mann, die ultimative Geheimwaffe. Und Leckerli hat er auch noch. Und eigentlich ist er MEIN Kumpel und nicht der vom Lutschi. Und wieso dreht sich hier alles um das spanische Mähnenwunder und um die Arbeitsvermeidungstechniken der soge-nannten Besitzerin? Ich beschließe, mich auch in das Gespräch einzubringen und bollere gegen die Boxentür. Hallo, Personal! Ich brauche auch

Aufmerksamkeit. Viel Aufmerksamkeit. Und noch mehr Kekse!

DER HAT ASTHMA, DER MUSS SICH SCHONEN

„Der hat Asthma, der muss sich schonen!", erklärt die sogenannte Besitzerin mit wichtiger Miene, wenn jemand den Fehler macht und sich danach erkundigt, warum der Lutschi rund um die Uhr nichts anderes macht als Rumstehen und Fressen. Wobei er ja sonst auch nicht viel macht außer sich die Mähne wachsen lassen. Damit sind seine beiden Gehirnzellen nämlich ausgelastet.

Jetzt hat er also das große Los gezogen und frei – mit voller Verpflegung, weil „der arme Bub ja so krank ist". Ich prangere das an, aber sowas von. Weil natürlich ich jetzt vermehrt die Frau herumschleppen muss. Aber ich bin nicht allein, Frau Reitlehrerin ist auch dagegen.

Frau Reitlehrerin meint nämlich, dass gerade für lungenkranke Pferde Bewegung wichtig ist.

Die sogenannte Besitzerin so: „Naaain, der arme Bub ist krank. Iss noch ein Häppchen, Lutschi-Bub!" und reicht ihm ein mentholduftendes Leckerli. „Für die Lunge", erläutert sie.

Woraufhin Frau Reitlehrerin ihr pädagogisches

Lächeln aufsetzt und erklärt: „Im Stand wird die Pferdelunge eher wenig durchlüftet. Pferde müssen galoppieren, damit die Lunge gescheit arbeitet und Sauerstoff in den Körper kommt. Rumstehen und Essen hat noch keinem Asthmatiker geholfen, ganz im Gegenteil: Übergewicht macht das Atmen nur schwieriger."

„Der Lutschi hat doch kein Übergewicht!" Die sogenannte Besitzerin ist empört.

„Aber Rippen hat er auch keine. Jedenfalls keine, die man fühlen kann", findet Frau Reitlehrerin. „Was hat der Lutschi denn für eine Atemfrequenz?"

„Woher soll denn ich das wissen?"

„Die Atmung kannst du fühlen, an den Nüstern. Und wenn du fünfzehn Sekunden lang Atemzüge zählst und die mal vier nimmst, bekommst du die Atemfrequenz pro Minute. In Ruhe sind acht bis sechzehn Atemzüge normal, bis dreißig ist nicht normal, aber in unserem Fall tolerierbar. Das heißt, bis dreißig könntest du den Lutschi kontrolliert und gezielt bewegen, ab dreißig solltest du den Tierarzt rufen." Frau Reitlehrerin schränkt ein: „Das ist aber nur meine Meinung und meine Erfahrung. Wenn du es ganz genau wissen willst, kannst du entsprechende Fortbildungen buchen, was bestimmt nicht schadet." Die Frau hats ja nicht so mit Wissenschaft und winkt dankend ab.

Nachdem feststeht, dass der Lutschi aktuell eine Atemfrequenz von zwanzig hat, erklärt Frau Reitlehrerin: „Du könntest ihn jetzt zehn Minuten

Schritt führen und ihn dann an die Longe hängen, am besten irgendwo, wo es schattig ist und nicht staubig. Dann lässt du ihn ein paar Runden traben, parierst durch und ermittelst wieder die Atemfrequenz. Damit du ein Gefühl dafür bekommst. Und dann darf der Lutschi gern galoppieren, wobei du da dann auch nach wenigen Runden die Atmung kontrollierst. Sie sollte nicht über sechzig Atemzüge pro Minute kommen. Inhaliert hat er schon, oder?"

Die Frau nickt.

„Prima, dann wird sich beim Traben und Galoppieren ja einiges an Schleim lösen. Nicht erschrecken, wenn der Lutschi hustet, das heißt in seinem Fall, dass sich dann der Schleim löst und abgehustet wird. Bei equinem Asthma wird permanent neuer Schleim produziert, das hat der Tierarzt ja neulich erklärt."

Hat er das? Die sogenannte Besitzerin ist überfragt. So viele neue Eindrücke und Informationen, das muss erstmal verarbeitet werden. Der Lutschi blinzelt schläfrig und hört konzentriert weg.

Frau Reitlehrerin spricht weiter: „Und dieser Schleim soll ja aus dem Körper heraus. Dafür ist Galopp die beste Gangart. Am besten als Intervalltraining, das heißt, ein paar Runden Galopp, je nach Kondition und Wetter, und dann die Atmung kontrollieren und eine Schrittpause einlegen. Wenn die Atmung nur leicht erhöht ist, darf er gern mehr galoppieren. Wenn er dagegen angestrengt schnauft oder Schlauchgeräusche bekommt, braucht er eine

Pause. Und am besten notierst du dir jeden Tag, wie die Atmung vor und nach der Bewegung war und auch, wie du ihn bewegt hast."

„Du meinst, ein Trainingstagebuch, nur für die Lunge?" Ein Trainingstagebuch ist natürlich eine coole Sache. Die Frau macht ein wichtiges Gesicht.

„Genau", nickt Frau Reitlehrerin. „Und da wirst du wahrscheinlich feststellen, dass sich die Atmung durch Bewegung verbessert. Und dass Bewegung dabei hilft, den Schleim aus dem Körper zu transportieren und dafür mehr Sauerstoff in den Körper hineinkommt."

„Schleim raus, Sauerstoff rein", fasst die Frau zusammen und Frau Reitlehrerin nickt. Und ich glaube, jetzt ist Schluss mit dem lauen Leben für das spanische Mähnenwunder. Die Frau geht jedenfalls schon mal die Longe suchen. „Ich glaube, ich weiß sogar, wo die ist", teilt sie noch mit, danach hört man Poltergeräusche. Das mit dem Lungensport kann also vielleicht noch dauern.

Wo der Lutschi gerade eine Sonderbehandlung bekommt, muss ich der sogenannten Besitzerin wieder erklären, wie das mit dem Reiten geht. Der Lutschi ist ja jetzt arm und muss spezielle Dinge an der Longe tun. Für eine so verantwortungsvolle Aufgabe wie den Reitunterricht ist das spanische Mähnenwunder eh zu unreif, machen wir uns nichts vor. Der Lutschi läuft also jetzt an der Longe und macht dauernd Pause, damit die Frau prüfen kann,

ob er noch atmet. Während Frau Reitlehrerin und ich
die Unterrichtsgestaltung planen.

DAS MACHT DER NUR, UM MICH ZU ÄRGERN!

„Das macht der nur, um mich zu ärgern!", giftet die sogenannte Besitzerin.

„Was genau?", erkundigt sich Frau Reitlehrerin. Wir gehen gerade Schlangenlinie durch die Bahn, drei Bögen, weil meine Reiterin sich bei vier Bögen immer verzählt und es nie passend auskommt. Drei Bögen ist ein Kompromiss, den sie mit sich selbst geschlossen hat und der dank Frau Reitlehrerins und meiner Mithilfe funktioniert. Und das geht so: Frau Reitlehrerin geht auf der Mittellinie passend mit und sieht mir tief in die Augen, wenn ich abwenden soll. Ich wende ab, die sogenannte Besitzerin tut geistesgegenwärtig so, als hätte sie das auch so gewollt und alles ist fein.

Außer, wenn die feine Dame hohe Dressur reiten will, dann hält sie nämlich die Luft an, träumt von Piaffe und sonstigen versammelten Lektionen und macht komische Dinge mit den Zügeln. Ganz zu schweigen davon, dass sie in der Hüfte einknickt wie ein Fragezeichen. Aber ist natürlich alles meine Schuld.

„Der biegt sich nicht um meinen inneren

Schenkel", erklärt die sogenannte Besitzerin erzürnt. „Überhaupt ist der total unkonzentriert. Ich will einfach nur versammelt traben und der macht das nicht. Furchtbar ist das."

„Du sitzt ja auch nicht passend im Drehsitz, sondern knickst in der Hüfte ein, weil du zuviel des Guten willst. Da kann er sich gar nicht biegen", antwortet Frau Reitlehrerin. Die Frau wirft ihr mörderische Blicke zu.

„Und versammelt traben kann der Pfridolin nur, wenn vorher genug Energie da war, die du aus deinem Sitz zurückführen kannst."

Die Frau guckt möglicherweise noch bösartiger.

„Der Pfridolin kann nur das spiegeln, was du ihm durch deine Sitzhilfen und deine Energie vorgibst", lächelt Frau Reitlehrerin pädagogisch. „Nur dann kann er sich reell biegen und nur dann kann er versammelt traben, wofür er geradegerichtet sein muss und hinten vermehrt Last aufnimmt, damit die Vorhand leicht wird."

„Ja was denn nun – gerade oder gebogen?

„Beides. Er muss sich geradegerichtet und gebogen sein. Geradegerichtet bedeutet, der Pfridolin kann sich auf beiden Seiten gleich gut biegen."

Das ist zu viel Input für das Gehirn der sogenannten Besitzerin. Sie wechselt das Thema. „Jetzt ist es also wieder meine Schuld", sagt sie erbost.

„Du bist auf jeden Fall diejenige, die etwas an der

Situation ändern kann", lächelt Frau Reitlehrerin unbeeindruckt. „Der Pfridolin spiegelt dich ja nur." Das ist nämlich das Geheimnis, wie Frau Reitlehrerin menschliches Fehlverhalten kilometerweit erkennt: Wir Pferde zeigen es an. Immer.

Der sogenannten Besitzerin fehlen die Worte.

Was auch ganz gut ist, denn Frau Reitlehrerin spricht weiter: „Wenn du unkonzentriert oder angespannt bist, ist es der Pfridolin auch. Was dann hilft: Sich gedanklich resetten, einmal tief aus- und wieder einatmen und sich auf das fokussieren, was man reiten möchte. Sich das als schönes Video vors innere Auge zaubern und mit Freude und Gelassenheit reiten."

Freude! Gelassenheit! Zaubern! Und wo zum Henker ist dieses innere Auge? Die sogenannte Besitzerin schnauft verärgert.

Das perlt aber an Frau Reitlehrerins Gute-Laune-Beschichtung ab wie nix. „Genau, tief ein- und wieder ausatmen", lobt sie. „Jetzt stellst du dir vor, wie ihr beiden leicht und mühelos die drei Bögen der Schlangenlinie reitet!"

Und ich weiß ja auch nicht, wie sie das macht, aber mit einem Mal verwandelt sich der schlechtgelaunte Kartoffelsack auf meinem Rücken in eine leichte Last. Merke: selber ausgeglichen und flauschig sein, wir Pferde mögen das. Und für Notfälle immer Frau Reitlehrerin in der Nähe haben. Oder den Mann. Der Mann geht auch. Weil der Ruhe und Flauschigkeit für zwei ausstrahlt.

Überhaupt, diese Ruhe, die hier neuerdings herrscht. Seit die sogenannte Besitzerin ihrem inneren OMMM hart auf der Spur ist und dabei sogar Phasen hat, wo sie einfach nur atmet und loslässt – sogar die Zügel! – also seitdem ist es hier unfassbar idyllisch. Die Frau erscheint täglich, lässt das spanische Mähnenwunder inhalieren und danach wird geritten. Da kann ich dann abwechselnd sie und den Mann rumschleppen, weil der Lutschi seine Bewegung meist an der Longe bekommt. Weil ihm die Frau so nämlich am besten in die Nüstern spähen und seine Atmung kontrollieren kann. Aber bisher hat er so brav geschnauft, dass sie sich auch wieder auf seinen Rücken traut. Dann darf er sich ~~alle Naslang~~ dauernd umdrehen und der sogenannten Besitzerin seinen Rüssel zur Besichtigung hinhalten. Zur Krönung des Ganzen geht's auch noch ins Gelände.

AUSRITT MIT DEM LUNGENKRANKEN

Dank beständiger Inhalation und Bewegung geht es dem spanischen Mähnenwunder wieder ganz gut. Und wo man ja immer hört, dass Waldluft so gesund ist und zudem noch der Vorrat an Beruhigungskräutern in der Futterkammer frisch aufgefüllt wurde, fühlt sich die sogenannte Besitzerin todesmutig und fürsorglich zugleich, als sie einen Ausritt ins naheliegende Gehölz anordnet. ~~Diplomatie ist ja ihre große Stärke.~~ Andere fragen den Ausreitpartner vorher, ob das Timing so passt, aber beim Mann (und auch bei uns Pferden!) wird stillschweigend unterstellt, dass wir alle ihrer Meinung sind. Zum Glück mögen wir Ausreiten und finden es wesentlich sinnvoller als stundenlang im Kreis rumzurennen, wenn die feine Dame mal wieder runde Zirkel üben will.

Auf geht's. Schnell wird gesattelt und getrenst, wobei der Mann natürlich alles falsch macht und von der Frau mit lauter Stimme auf seine Verfehlungen hingewiesen wird. Zum Glück trifft es ihn und nicht mich, sonst bin ja immer ich alles schuld. Schabracke schmutzig? Gerte weg? Hufeisen verloren? Ist alles der Pfridolin schuld.

Aber egal, wir machen eine Expedition in die Wildnis und freuen uns wie Bolle. Also alle außer der Frau, der so langsam dämmert, was sie da eigentlich angezettelt hat. Sogar der Lutschi, der ansonsten die Ausstrahlung einer komatösen Schildkröte hat, zeigt Anzeichen von Temperament und Energie.

Bis wir im Wald sind, wo die herrlich gesunde Luft wohnt, müssen wir ein Stück an der Straße entlang. Also eigentlich auf dem Rad- und Fußweg, weil es auf der Straße selbst zu gefährlich ist, wie die sogenannte Besitzerin feststellt. Und ich glaube sogar, da hat sie recht. Wobei auch Fahrräder gefährlich und bösartig sein können. Eins verfolgt uns lautlos und heimtückisch, bis die Nerven vom Lutschi der Belastung nicht mehr standhalten und sich Lutschi und Frau im nächsten Acker in Sicherheit bringen. Laut zeternd manövriert sie das spanische Mähnenwunder zurück auf den Radweg, wo der Mann und ich entspannt rumstehen (Mann) beziehungsweise einen spontanen Snack einnehmen (ich).

„Lass den doch nicht immer fressen, das ist schlecht für die Erziehung", mault die Frau den Mann an, während sich der Lutschi seinerseits über die Spontanvegetation am Wegesrand hermacht. Weil die Frau nicht viel von dem mitkriegt, was um sie herum passiert, dauert es auch einige Zeit, bis der Lutschi zur Ordnung gerufen wird.

Mittlerweile sind wir fast im Wald. „Komisch, gar keine Spaziergänger unterwegs", wundert sich der

Mann.

„Ja, komisch."

Das ändert sich aber, als wir den Reitweg erreichen. Das ist quasi der Highway des Waldes, jedenfalls, was das Verkehrsaufkommen betrifft. Da gibt es Reiter, Spaziergänger mit Hund, Spaziergänger ohne Hund, Radfahrer und Familien mit Kindern auf Fahrzeugen aller Art, wovon die Frau in den meisten Fällen noch nicht mal weiß, wie das jeweilige Fortbewegungsmittel heißt. Ist aber auch egal, denn der Lutschi und ich sind nach der langen Periode der erzwungenen Enthaltsamkeit – bestimmt fünfhundert Meter – ausgehungert und stürzen uns aufs Grün und auch ins Unterholz, als gäbe es kein Morgen.

Worauf die sogenannte Besitzerin wieder das Zetern anfängt. Die Spaziergänger wechseln besorgte Blicke und machen sich hastig davon. „Nicht, dass sie gefährlich ist", höre ich den einen zu seiner Begleiterin sagen.

Und dann ist mit einem Mal herrliche, paradiesische Ruhe, weil der Frau eine Fliege in den Mund geflogen ist.

„Herrlich, diese Stille hier im Wald!", kommentiert der Mann. „Da schmeckt einem das Essen gleich nochmal so gut." Sprichts und zieht einen Schokoriegel aus der Jackentasche. „Mumpf mumpf mumpf. Und natürlich die gesunde Luft!"

Die Frau guckt neidisch. Aber schließlich hatte sie

schon eine Fliege und davon auch nichts abgegeben.

Und seitdem ist sie irgendwie komisch. Also, noch komischer als sonst. Mit Tendenz zum Soziopathen, was irgendwie blöd ist, weil sie dann den Lutschi und mich noch mehr stalkt als ohnehin schon. Mit Menschen hat sie es nämlich nicht so.

ICH HASSE MENSCHEN!

„Ich hasse Menschen!", sagt die sogenannte Besitzerin bei jeder Gelegenheit. Wenn die Longierhalle belegt ist zum Beispiel. Und der Reitplatz zu voll zum Longieren. „Ich hasse Menschen!" ist auch ihr Kommentar, wenn sie irgendeine spezielle Form von intuitiver Bodenarbeit machen will, die sie sich im Zweifel gerade ausgedacht hat und das nicht geht, weil überall longiert wird. Und wenn sie gerade reiten will, turnen in jeder Ecke irgendwelche Seilchenschwinger und Wattebäuschchenwerfer herum, die vom Boden aus ihre Beziehung zum Pferd verbessern wollen. Die hasst sie übrigens auch.

„Ich hasse Menschen!" sagt sie auch oft beim Ausreiten, wenn sie sich im Sommer frühmorgens aus dem Bett gequält hat, damit sie die angenehm kühle Luft genießen kann. Ganz allein mit mir, dem Mann und dem Lutschi und drölfzig Hundebesitzern, die eine ähnliche Idee hatten.

Im Herbst und Winter hasst sie Menschen noch viel mehr, weil man sich dann um jeden Quadratmeter in der Reithalle streiten muss, denn andere Pferdebsitzer wollen auch im Trockenen reiten, was eine Unverschämtheit ist.

Manchmal wird sie auch konkreter, dann hasst sie den Sattler, der zu spät kommt – das würde sie ja nieeeee machen. Außer wenn ihr was dazwischenkommt. Oder den Tierarzt, wenn der zu früh kommt und sie noch nicht im Stall ist. Was ja auch toootaaaal daneben ist, weil sie selbst immer pünktlich ist. Außer, wenn wenig Verkehr ist oder sie ihre Termine durcheinanderbringt und am falschen Tag auf den Tierdoc wartet. Den sie hasst, weil er ein Mensch ist, siehe oben.

Und dauernd und überall begegnen einem Heerscharen von Menschen, zum Beispiel im Wald auf dem Reitweg, wo man sie am wenigsten braucht. Kommentar: „Ich hasse Menschen, die im Wald rumlaufen!" Aber je nach Tagesform eben auch alle anderen. Alles, was atmet, ist böse, findet sie dann.

Aber eigentlich sind Menschen gar nicht so schlecht, wenn man zum Beispiel Hilfe oder ein Publikum braucht. Wie zum Beispiel an dem Tag, als die Frau ihren Autoschlüssel verschlampt und das Handy zu Hause vergessen hat. Da ist natürlich kein Mensch am Hof, der sie mal telefonieren lässt, um den Mann zu ihrer Rettung zu holen. Der hat nämlich den Zweitschlüssel. Die Handy-Nummer kann sie natürlich nicht auswendig, aber die steht ja zum Glück auf dem Boxenschild. Aber es ist halt keiner da. „Kein Mensch da – herrlich! Diese Ruhe!!" sagt sie dann sonst, aber dieses Mal nicht. Komisch.

Oder wenn mal ausnahmsweise beim Reiten oder

in der Freiarbeit was richtig gut klappt und es weder Zeugen noch ein Publikum gibt. Da müsst ihr mir das jetzt einfach mal glauben, dass sowas schon mal vorgekommen ist. Nicht oft, aber mehr als einmal. Zweimal, um genau zu sein.

Das soll sich nun ändern. Also dass Dinge maximal zweimal klappen. Es soll immer alles funktionieren, wünscht sich die sogenannte Besitzerin ganz bescheiden. Mit Betonung auf IMMER und ALLES. Und wir alle wissen: wenn sich was ändern soll, muss man auch was ändern. Und wo man so viel von den alten Meistern und ihrer unerschöpflichen Weisheit hört, beschließt die sogenannte Besitzerin in einem Moment geistiger Umnachtung, sich von einem alten Meister erleuchten zu lassen. Beziehungsweise von jemand, der alt ist. Ob er ein Meister ist, wird sich noch zeigen.

DAS HAMWA FRÜHER IMMER SO GEMACHT!

„Abschwitzdecke? Firlefanz, du musst den mit 'nem Strohwisch abreiben!" knurrt der alte Zausel, der durch unsere Stallgasse schleicht. „Das hamwa früher immer so gemacht!"

Furchtsam nickt die sogenannte Besitzerin und überlegt fieberhaft, was zum Henker ein Strohwisch ist und wo sie den auf die Schnelle herbekommt. „Siehste, so." Gönnerhaft bückt sich der neue Reitsportberater und hebt ein Büschel Stroh auf, mit dem er mich abrubbelt. „Aber dann kann ich den Pfridolin ja gar nicht mehr rausstellen, wenn der geschwitzt hat. Ohne Abschwitzdecke", piepst die Frau, der der bärbeißige Alte offensichtlich großen Respekt einflößt. „Rausstellen? Früher gabs das nicht. Ein Reitpferd gehört in die Box!" Na wenigstens empfiehlt Methusalix keine Ständerhaltung, weil „das hamwa früher immer so gemacht".

Also stellt mich die Frau in die Box. Methusalix begutachtet mein Wohnklo von außen. „Wenigstens ist gut eingestreut", kommentiert er und lässt sein Auge weiter schweifen. Und zack! Blutdruck. „Da ist ja ne Selbsttränke!" Ja, und ich finde das ganz praktisch, weil ich nicht verdursten will. „Selbsttränken sind was für Faule", schmettert er. „Pferde werden aus dem Eimer getränkt, das hamwa früher immer so gemacht!" Die Frau lächelt verlegen. „Oder meinetwegen auch aus dem Bottich", gibt sich der Opi gönnerhaft. Also das fände ich persönlich ganz schick. Aus dem Bottich trinken wir im Winter, wenn die Tränken eingefroren sind, und das ist nicht ganz so nervig wie dieses Zuzeln an der Selbsttränke, wo kaum Wasser rauskommt.

Auf dem Weg nach draußen kommt Methusalix an der Führanlage vorbei, die natürlich auch nichts taugt, weil: „Früher hamwa sowas auch nicht gehabt. Ist nur was für Faule, die nicht selber laufen wollen." Die Frau zuckt schuldbewusst zusammen.

Der zauselige Alte schlurft weiter und verschwindet. Die Frau schüttelt sich wie nach einem bösen Traum und ich überlege angestrengt, was das gerade zu bedeuten hatte. Wurde der Stall verkauft und Methusalix ist unser neuer Chef?

Nein, viel besser. Ihr kommt nicht drauf, deshalb verrate ich es euch: Die Frau hat Reitunterricht bei einem alten Meister gebucht. Und der wollte die Schülerin vorab kennenlernen. Vielleicht kommt er auch nicht viel unter Leute und ihm war langweilig, wer weiß das schon. Mit anderen Worten: am nächsten Tag ist er wieder da. Was man leider frühzeitig merkt, weil er sich gern mit sehr großer Lautstärke mitteilt. Wenn der mal richtig brüllt, bleibt kein Stein auf dem anderen, wetten? Hallo?! Ich bin ein sensibles Fluchttier, ich hab genug Last mit dem Gezeter meiner Reiterin, da brauch ich nicht noch jemanden, der plärrt wie im Fußballstadion.

Aber egal, meine unempathische und wahrscheinlich auch schwerhörige Besitzerin zwingt mich in die Reithalle. „Prima, die hat eine gute Akustik", brüllt uns Methusalix freundlich zu.

Ich bin entsetzt und lege den Rückwärtsgang ein. „Gib dem mal einen auf den Zahn, das hamwa früher immer so gemacht! Der hampelt ja hier nur rum", ordnet Methusalix an.

Die Frau guckt fragend.

„Na, 'nen Insterburger!"

Die Frau guckt immer noch.

„'Nen kräftigen Ruck", übersetzt Methusalix. „Ein Ruck im Maul, schon steht der Gaul! Wie heißt der eigentlich?

„Pfridolin", piepst die Frau.

„Ah, Friedrich. Benimm dich, Fritze, sonst kriegen wir zwei Ärger", blökt er mir ins Ohr.

Ich habe genug gehört und bleibe freiwillig stehen. Die sogenannte Besitzerin steht anscheinend unter Schock, denn sie hat immer noch nicht das Diskutieren angefangen. Stattdessen nutzt sie meine Schockstarre aus, um hurtig meinen Rücken zu erklimmen.

„Als erstes machst du einen Knoten in die Zügel, die brauchen wir erstmal nicht. Wir arbeiten nämlich an deinem Sitz", beschließt der alte Meister.

Die Frau ist gespannt. Ich auch.

„Der Knieschluss ist das A und O", erklärt Methusalix mit Lautstärke zehn. Ich möchte bitte taub sein. Die sogenannte Besitzerin hat ihn akustisch verstanden, mehr aber auch nicht. Methusalix kramt in seiner Jackentasche. „Die Knie müssen mehr ran. Klemm dir mal die Bierdeckel hier zwischen Knie und Sattel. Auf jeder Seite einen. Wenn die runterfallen, musst du mir einen ausgeben. Macht 'nen Riesenspaß. Hamwa früher immer so gemacht!"

Die Frau hat mittlerweile gemischte Gefühle, platziert aber artig die Bierdeckel zwischen Knie und Sattel, wodurch sie noch einen Tacken verkrampfter sitzt als vorher.

„Da fehlt noch was, Mädchen! Gib mal deine Gerte her. So. Die steck ich dir hinter deinem Rücken durch beide Ellbogen durch, damit du Haltung annimmst!" donnert Methusalix fröhlich und tut, was er angedroht hat. „Brust raus, Schultern zurück!"

Die sogenannte Besitzerin wird gern Mädchen genannt und nimmt wunschgemäß militärische Haltung an. Obwohl das mit den festgestellten Oberarmen und den angeklemmten Knien doch recht unangenehm ist. „Und die Absätze tief, sonst schieß ich dir Blei in die Hacken!", brüllt Methusalix gutgelaunt.

Die Frau weiß nicht so recht, was sie davon halten soll, aber bei der Kavallerie hat sicher ein rauer

Umgangston geherrscht, denkt sie sich.

„Und jetzt geht's los. Ich hol mir noch eine lange Bahnpeitsche, damit der Friedrich ordentlich vorwärts geht. Was, Fritze?" Er blinzelt mir schelmisch zu und kramt hinter der Bande.

Zum Glück will die sogenannte Besitzerin nicht herausfinden, ob und was er da findet, sondern beendet die Reitstunde spontan. Später beschwert sie sich bei Frau Reitlehrerin, die immer große Stücke auf die alten Meister hält und ihr Date mit Methusalix toleriert hat, mit der Begründung: Du wirst ja nicht dümmer dadurch. ~~Ist auch schwer möglich.~~

„Nicht jeder, der alt ist und mit Pferden zu tun hat, ist auch ein alter Meister", erklärt Frau Reitlehrerin freundlich lächelnd. Die sogenannte Besitzerin ist nämlich so dermaßen kleinlaut und verunsichert gewesen von der ganzen Brüllerei, dass sie sich erstmal hinsetzen und durchatmen musste, bevor sie zu Frau Reitlehrerin gegangen ist.

„Steinzeitliche Methoden", murmelt die sogenannte Besitzerin. „Und didaktisch unterste Schublade." Gell, da staunt ihr, was die Frau für Ausdrücke kennt? Ich auch.

Da muss ihr Frau Reitlehrerin rechtgeben. „Nicht jeder, der früher Reitschüler ausgebildet hat, hat das auch gut gemacht. Man muss das immer im historischen Kontext sehen. Vieles von dem, was wir heute über Bewegungszusammenhänge und Didaktik wissen, war damals unbekannt. Zum Beispiel hilft es beim Reiten, was ja ein lockeres

Mitschwingen ist, wenig, wenn man Körperteile künstlich ruhigstellt und sich das Klemmen mit den Knien angewöhnt. Andererseits ist auch viel wertvolles Wissen im Lauf der Zeit verloren gegangen, was schade ist und wo man unbedingt gegensteuern muss."

„Die Kunst ist es, das Wichtige vom Unwichtigen zu unterscheiden", sagt die Frau nachdenklich und ich glaube, sie ist da einer großen Sache auf der Spur.

Nach diesem kurzen Moment der Erleuchtung ist sie aber schnell wieder die Alte. Ein Glück, sonst wäre es ja auch langweilig. Im Moment arbeitet sie an ihrer einen Kernkompetenz. Nein, nicht am Geldausgeben, das ist die andere. Gemeint ist die Selbstüberschätzung. Da ist sie zweifellos ein Naturtalent, immer schon gewesen, aber jetzt packt sie noch 'ne Schippe drauf. Was wir auch gut können: Monumental scheitern. Kann auch nicht jeder.

DAS KANN JA WOHL NICHT SO SCHWER SEIN!

„Das kann ja wohl nicht so schwer sein!" Die Frau kneift kritisch die Augen zusammen und analysiert, was da gerade locker-flockig geritten wird: Aus der Ecke kehrt, seitwärts, Mitte der langen Seite eine Volte, daraus bis zur Ecke anders seitwärts, aus der Ecke kehrt mit noch anderem Seitwärts, dann das zweite Seitwärts und nochmal das erste Seitwärts. Mit Hilfe von Frau Reitlehrerin kriegt sie die unterschiedlichen Arten Seitwärts auch sortiert.

„Das Pferd geht auf drei Hufschlägen, ist entgegen der Bewegungsrichtung gebogen und die innere Schulter wird ins Bahninnere hereingeführt", beginnt Frau Reitlehrerin. „Wie heißt also der Seitengang?"

Die sogenannte Besitzerin guckt nachdenklich.

„Die innere Schulter. Herein."

Die Frau zuckt die Achseln. „Rongwehr," rät sie.

„Schulterherein", löst Frau Reitlehrerin auf.

„Ich wusste das", behauptet die Frau. „Und das andere Seitwärts?"

„Das, bei dem die Kruppe ins Bahninnere hereingeführt wird?"

„Ja genau."

„Kruppeherein."

„Jetzt mal keine Späße auf meine Kosten!", giftet die Frau. „Das hast du dir doch gerade ausgedacht!"

„Der Seitengang heißt Travers, wird aber auch Kruppeherein genannt. Aus Gründen. Weshalb man es sich so herum leichter merken kann", lächelt Frau Reitlehrerin pädagogisch.

„Ach so, na dann. Kruppeherein. Und das Seitwärts beim Aus-der-Ecke-kehrt ist eine Traversale, oder?" Das hat die Frau nämlich schon mal im Fernsehen gesehen und kennt sich also aus.

„Genau" bestätigt Frau Reitlehrerin unerschütterlich.

„Na dann reit ich das jetzt auch mal. Kann ja nicht so schwer sein", beschließt die Frau und setzt mich in Bewegung. Denn die Abfolge von Seitengängen wird präsentiert von – ausgerechnet! – Waldo, einem Pony-Mix. Und seiner Reiterin Vera natürlich, aber da das Gezeigte so langweilig harmonisch aussieht, spielt die wohl keine große Rolle, weil der Waldo das offensichtlich alles allein macht. Weil es halt so EINFACH ist.

„Fang vielleicht im Schritt an", rät Frau Reitlehrerin noch, bevor ich mir die Beine so verknote, dass ich nicht mehr weiterlaufen kann.

„Ach so, ja Schritt." Die sogenannte Besitzerin wechselt die Gesichtsfarbe und ich die Gangart.

Waldo und Vera sind übrigens immer noch locker-flockig und gutgelaunt unterwegs, während mein Fleischtransport mental schon stark schwächelt.

„Schulterherein", souffliert Frau Reitlehrerin. „Wo die innere Schulter ins Bahninnere geführt wird."

Meine Reiterin zieht mich halb ins Bahninnere, von wo aus ich über die äußere Schulter ausfalle und seitwärts dahinkrebse. „Siehste, seitwärts!", triumphiert die Frau. „Von wegen schwierig!"

Frau Reitlehrerin lächelt und sagt weiter vor: „Jetzt eine Volte und daraus Travers."

Mit Ach und Krach kriegen wir einen Kringel hin, der kein Zirkel ist, aber auch weit entfernt von einer Volte, und dann ist die lange Seite auch schon zu Ende.

Egal, jetzt aus der Ecke kehrt. Das wäre doch gelacht!, beschließt die Frau und will das Ganze mit anderem Seitwärts garnieren. So als Traversale für Arme beziehungsweise *gewollt, aber nicht gekonnt.* Von der Sorte haben wir übrigens einiges im Programm.

Entschlossen taumeln wir aus der Ecke in Richtung Hufschlag, wo die Frau anderes Seitwärts aka Kruppeherein zeigen will. Weil das ja so pipi-einfach ist, ihr erinnert euch. Spoiler: hat natürlich nicht geklappt. Sie zieht mir den Hals krumm, was aber leider keine Auswirkung auf meine Hinterhand hat beziehungsweise deren Bewegungsrichtung. Überhaupt lustig, diese Menschen. Da denken ja viele, sie könnten durch am Zügel ziehen erreichen, dass wir Pferde aktiver mit der Hinterhand werden. Das ist ungefähr so, als würde jemand der Frau an den Haaren ziehen und erwarten, dass sie dadurch besser laufen kann.

Wir eiern übrigens immer noch den Hufschlag entlang und sind nun wieder am Ausgangspunkt unserer Reise, während Waldo immer noch gutgelaunt und mühelos und seitwärts dahinschwebt.

„Und jetzt Trab?", fragt Frau Reitlehrerin.

„Ich könnte das ja, aber ich glaube, der Pfridolin ist heute nicht so gut drauf", antwortet meine Reiterin mürrisch und sitzt ab. „Das Mentale ist ja bei der Reitkunst ganz wichtig und da sind die Schwingungen heute nicht so."

„Apropos Schwingungen", lächelt Frau Reitlehrerin, der die gute Laune förmlich aus allen Poren dringt. Geradezu unnatürlich ist das, denkt die sogenannte Besitzerin. „Wenn du ganz genau hinguckst, siehst du, wie die Vera feine Sitzhilfen gibt. Mit dem Bein muss sie gar nicht viel machen, weil der Waldo so gut geritten ist." Mit den Zügeln anscheinend auch nicht, stellt die Frau fest, die beim Zugucken rein gar nichts an Hilfengebung erkennt, weil die Abfolge der Lektionen so flüssig und harmonisch ist.

Frau Reitlehrerin guckt prüfend zur Frau, verspürt einen jähen pädagogischen Impuls, obwohl gar keine

Reitstunde ist, und demonstriert die jeweilige Hilfengebung passend vom Boden aus.

Wobei die sogenannte Besitzerin sehr staunt und die Hausaufgabe bekommt, Pferdchen zu spielen und die unterschiedlichen Seitengänge jeweils zu Fuß selbst nachzumachen.

„So bekommst du ein besseres Verständnis für die Bewegung und für deine Hilfengebung," lächelt Frau Reitlehrerin. Die sogenannte Besitzerin knurrt undankbar, verspricht aber, brav alles zu üben. Weil: „Es ist ja für einen guten Zweck", sagt Frau Reitlehrerin. „Damit du die Seitengänge besser und leichter verinnerlichen kannst."

Ach so. „Das ist ja wichtig für die Reitkunst", nickt die Frau hoheitsvoll. „Ja dann."

Und ich weiß ja auch nicht, wie es Frau Reitlehrerin immer schafft, bei sowas ernst zu bleiben.

Seitdem läuft die Frau mit wichtigem Gesichtsausdruck seitwärts. Auf unterschiedliche Art. Ich bin schon ganz froh, dass ich dabei nicht mitmachen muss, sondern aus sicherer Entfernung zugucken kann. Manchmal hat sie nämlich Knoten in den Beinen, was sehr lustig aussieht.

Wobei ich mich schon frage, ob dieses Ehrgeizig-Verbissene unbedingt sein muss. Gut, im Moment turnt die Frau ja alleine, aber irgendwann muss ich auch wieder mitmachen. Man muss auch nicht alles können. Wenn man entspannt und locker-flockig und dazu noch gutgelaunt unterwegs ist, ist das doch viel besser als angespannt Lektionen zu reiten. Locker-flockig rockt! Angespannt eher nicht. Dann doch lieber flauschig und entspannt ausreiten, oder?

In diesem Sinne: machts fein und habt Spaß mit euren Pferden

♡

Alles Gute

Euer Pfridolin

DANKE

So ein Buch schreibt sich nicht von allein, was manchmal doof ist, aber manchmal auch schön, weil es liebe Menschen gibt, die einem dann weiterhelfen. Danke dafür! Dank auch an die sogenannte Besitzerin, die nichts von ihrem Glück oder ihrer Berühmtheit ahnt, aber immer wieder für Unterhaltung sorgt. Genau wie die Menschen und Pferde, die mir begegnen und die freiwillig oder unfreiwillig in meinen Geschichten vorkommen. Ohne euch geht es nicht! Und ohne dich, liebe Leserin, lieber Leser, geht es auch nicht. Vielen, vielen Dank, dass du meine Bücher liest und mir auf Facebook oder Instagram folgst!

WEITERE BÜCHER
BEI BOD - BOOKS ON DEMAND

Geschichten vom Pferd:

… und ich dachte, Reiten kann man lernen

Immer noch keine Piaffe

Wenn Reiten einfach wäre, würde es Radfahren heißen

Wenn´s mal klappt, guckt natürlich keiner

Meisenwald-Krimis:

Tod im Misthaufen

Tödlicher Tierarzttermin

Tödliche Traversale

Tod auf der Stallgasse